MERIAN *live!*

W0189929

Paris

Marina Bohlmann-Modersohn arbeitete
nach ihrem Studium in Hamburg und Paris
für die Pariser Redaktion des SPIEGEL. Sie
lebt als freie Autorin – mit den Schwerpunk-
ten Kunst und Reisen – bei Hamburg.

 Familientipps

 Diese Unterkünfte haben
behindertengerechte Zimmer

Preise für ein Doppelzimmer ohne Frühstück:

€€€€ ab 350 €   €€ ab 150 €
€€€ ab 200 €   € bis 150 €

Preise für ein dreigängiges Menü ohne
Getränke:

€€€€ ab 100 €   €€ ab 30 €
€€€ ab 70 €   € bis 30 €

Inhalt

◄ Einen tollen Blick über Paris hat man
von der Kirche Sacré-Cœur (▶ S. 81).

Kuppelgekrönte Kirchen und Triumphbögen, prächtige Palais und majestätische Plätze, königliche Gärten und stille Squares, enge Gassen und breite Boulevards – all das ist Paris. Der Eiffelturm, 300 m hoch, zur Zeit seiner Entstehung vor mehr als hundert Jahren als »scheußlich« gescholten, ist als Wahrzeichen aus dem Stadtbild genauso wenig wegzudenken wie die Quais und die Bouquinisten, die Bistros und die Cafés. Und die Seine. Ihre Ufer laden zum Sonnenbaden unter Palmen ein, zum Tangotanz im Mondschein. Nicht zuletzt als attraktive Verkehrsader und Event-Location erfreut sich der Fluss zunehmender Beliebtheit.

An seinem südöstlichen Bogen wächst, rund um die Bibliothek François Mitterrand, ein neues Paris – das Paris des 21. Jh.

Stadt der Träume

Neugierig darauf, Frankreichs Hauptstadt kennenzulernen, ihren Geheimnissen auf die Spur zu kommen, reist man in Paris an. Man hat Bücher über Paris gelesen und Filme gesehen, in der Fantasie singt Edith Piaf als kesse Göre in den Gassen von Belleville, Maurice Chevalier und Josephine Baker feiern triumphale Auftritte. Beim Stichwort Montmartre denkt man unweigerlich an Toulouse-Lautrec, der die gerüschten

◀ Grünes Paris: Die Parks der Stadt sind ein beliebter Tummelplatz für Einheimische und Besucher.

Unterröcke, Pfauenfedern und fliegenden Körper der ranken Tänzerinnen im Moulin Rouge so genial mit dem Zeichenstift festzuhalten verstand. Und plötzlich findet man sich mitten auf der Place du Parvis-Notre-Dame wieder, dem großen Vorplatz der berühmten gotischen Kathedrale, in der seit Jahrhunderten die Menschen beten, in der Könige getraut, Kaiser gekrönt und Staatsoberhäupter zu Grabe getragen wurden. In das Pflaster des Platzes ist eine Bronzeplatte mit einem Messingstern eingelassen, der zum einen das geografische Zentrum Frankreichs symbolisieren soll, auf das alle Nationalstraßen des Landes sternförmig zulaufen, und zum anderen den »point zéro« markiert, den Nullpunkt, die Mitte von Paris. Die Seine umschließt hier zwei Inseln, die vornehm-stille Île Saint-Louis und die Île de la Cité mit dem ehemaligen Königspalast (Conciergerie), in dem sich die Sainte-Chapelle verbirgt, ein Meisterwerk gotischer Kirchenbaukunst.

Ein Fest des Lebens

Ein Blick auf den Stadtplan genügt: Die Seine teilt Paris in zwei Hälften, »Rive gauche«, das linke, und »Rive droite«, das rechte Ufer. Eine weitere Unterteilung sind die Arrondissements, jene 20 Stadtbezirke, die sehr viel über Herkunft und Status ihrer Bewohner aussagen. Jedes Arrondissement ist dann noch einmal in vier Quartiere unterteilt, und jedes dieser »quartiers« ist eine kleine Welt für sich, die der Pariser schnell wieder aufsucht, sobald er mit seiner Arbeit fertig ist, eine Welt mit Markt und Zeitungskiosk, Bistro und Bäcker und dem Café als zentralem Kommunikationsort. Vor allen Cafés stehen Tische und Stühle, sobald es die Temperaturen zulassen – »faire les terrasses« nennen die Pariser eine ihrer Lieblingsbeschäftigungen, was bedeutet: einfach sitzen, schauen, essen, trinken, reden.

Zwei berühmte Literatencafés, das Café de Flore und, gleich nebenan, das Café Les Deux Magots, liegen auf dem linken Seine-Ufer im legendären Kulturviertel Saint-Germaindes-Prés. Hier siedeln Frankreichs Eliteschulen und die berühmte Académie Française, Verlagshäuser, Buchhandlungen und Galerien. Das angrenzende Quartier Latin mit der Universität Sorbonne und der herrlichen Parkanlage Jardin du Luxembourg gehört den Studenten, und im noblen siebten Bezirk um den Invalidenturm wohnen die Minister und Botschafter. Künstler und Schriftsteller aus aller Welt zog es ab 1900 in das Handwerkerviertel Montparnasse. Zahlreiche Cafés, Bars und kleine Museen zeugen noch heute von der künstlerischen Vergangenheit dieses Quartiers. Sehr exklusiv zeigt sich das achte Arrondissement auf der anderen Seine-Seite, wo die Place de la Concorde liegt, von Victor Hugo einst als »schönster Platz der Welt« bezeichnet.

»Wenn du zu den Glücklichen gehörst, die in Paris gelebt haben«, schrieb der Amerikaner Ernest Hemingway in einem Pariser Café, »dann trägst du die Stadt für den Rest deines Lebens in dir, wohin du auch gehen magst, denn Paris ist ein Fest des Lebens.«

MERIAN-TopTen
MERIAN zeigt Ihnen die Höhepunkte der Stadt: Das sollten Sie sich bei Ihrem Besuch in Paris nicht entgehen lassen.

 Arc de Triomphe
Zwölf Straßen führen sternförmig in alle Himmelsrichtungen – eine imposante nationale Gedenkstätte (▸ S. 65).

 Eiffelturm
Herrlich ist der Blick auf die Metropole vom 300 m hohen Wahrzeichen der Stadt (▸ S. 72).

 Île Saint-Louis
Die wie ein Schiff geformte exklusive »Insel« inmitten der Seine ist ein städtebauliches Gesamtkunstwerk (▸ S. 74).

 Jardin des Tuileries
Herrliche Alleen laden zu Spaziergängen und Liegestühle zum Ausruhen ein – im Herzen der Stadt (▸ S. 76).

 Notre-Dame
Ein Highlight, das niemand verpassen darf: die gotische Fassade, die als Vorbild unzähliger Kirchen dient (▸ S. 77).

 Sainte-Chapelle
Dieser Schatz gotischer Kirchenbaukunst verbirgt sich auf der Cité-Insel (▸ S. 82, 115).

7 Louvre

Wo Frankreichs Herrscher einst Hof hielten, entwickelte sich ein einzigartiges Museum mit einer gläsernen Pyramide als Eingang (▸ S. 84, 93).

8 Place des Vosges und Marais

Der poetischste aller Pariser Plätze ist das Highlight des Viertels (▸ S. 102).

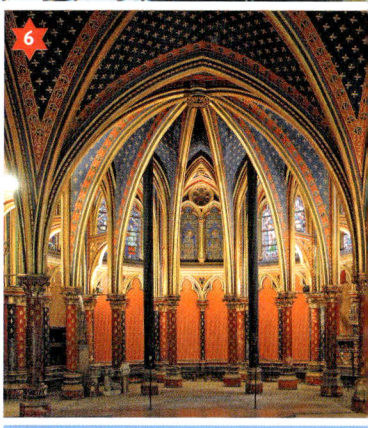

9 Montmartre

Hier ist ein Abendspaziergang von großem Reiz. Paris liegt Ihnen zu Füßen und leuchtet (▸ S. 106).

10 Versailles

Das Schloss des Sonnenkönigs Ludwig XIV. hat 1300 Zimmer. Weltberühmt der Spiegelsaal und die Gartenanlagen (▸ S. 113).

MERIAN-Tipps Mit MERIAN mehr erleben.

Tauchen Sie ein in das Leben der Stadt und entdecken Sie die Seiten von Paris, die nur Einheimische kennen.

 Laurent
Die Terrasse dieses eleganten Gartenrestaurants gehört zu den schönsten von Paris (▸ S. 24).

 Café de Flore
Sehen und Gesehenwerden im Herzen von Saint-Germain-des-Prés: eine literarische Institution (▸ S. 27).

 Marché aux Puces de Saint-Ouen (Flohmarkt)
Der größte Flohmarkt von Paris ist immer einen Besuch wert. Edles und Günstiges für jeden Geschmack (▸ S. 41).

 Opéra Garnier
Unvergleichlich: ein Ballettabend in dem märchenhaften Gebäude, das nun wieder zu den großen Musentempeln Europas gehört (▸ S. 50).

 Comédie Française
Allein das Ambiente in diesem eindrucksvollen Klassikertheater ist einen Abend mit Molière wert (▸ S. 52).

 Le Quatorze Juillet
Den Sturm auf die Bastille feiert tanzend die ganze Stadt (▸ S. 55).

Bois de Boulogne
Die idyllische Lunge der Stadt zum Flanieren und Erholen vom Trubel der Innenstadtviertel ist eine Schönheit (▸ S. 67).

Cimetière du Père Lachaise
Von Balzac über Colette und Edith Piaf bis zu Jim Morrison, die Liste der hier begrabenen »Unsterblichen« ist lang (▸ S. 70).

Jardin du Luxembourg
Der Barockgarten ist Flaniermeile, Kaffeehaus, Boule-Platz und Studierstube zugleich (▸ S. 72).

Passagen
Pracht vergangener Zeiten – zu den schönsten gehören die Galerien Vivienne und Véro-Dodat (▸ S. 82).

Eine Hotelbar (▶ S. 45), die perfekt
Moderne und Tradition miteinander
vereint, ist nur eines der Highlights
im Hotel Plaza Athénée (▶ S. 14).

Zu Gast **in Paris**

Klassische Grandhotels und romantische Pensionen,
noble Sternelokale und authentische Belle-Époque-
Bistros, trendige Boutiquen und nostalgische Tanz-
paläste – Paris ist die Stadt des Savoir-vivre.

Übernachten
Märchenhafter Luxus à la Ritz oder französischer Charme in einem ehemaligen Stadtpalais, Zimmer mit Blick auf Paris oder gar ein eigenes Appartement – genießen Sie die Vielfalt der Möglichkeiten.

◀ Diese Fluchten begeisterten schon Oscar Wilde. Bis heute hat L'Hôtel (▶ S. 13) nichts von seinem Charme eingebüßt.

Rechts der Seine laden die Hotelpaläste wie Crillon, Ritz oder Plaza Athénée in ihre Luxussuiten; am linken Seine-Ufer locken die kleinen, geschmackvoll eingerichteten »Hôtels de Charme«. Sehr individuell kann man im Herzen von Paris wohnen, auf der vornehm-stillen Seine-Insel Saint-Louis, und sowohl im Marais als auch im Viertel der Bastille gibt es eine Reihe empfehlenswerter Adressen. Es ist ratsam, bereits Wochen im Voraus zu buchen. Als Bestätigung der Buchung wird in manchen kleineren Hotels noch immer eine Überweisung mit dem Betrag für die erste Nacht verlangt; bei größeren Häusern genügt in der Regel die Kreditkartennummer.

Wichtig: Die Preise gelten immer pro Zimmer. Frühstück ist meistens nicht inklusive – aber es macht sowieso mehr Spaß, sich den »grand crème« und ein Croissant im Eck-Café schmecken zu lassen. Neuerdings kann man in Paris auch Zimmer bei Privatfamilien buchen – als »Bed & Breakfast« oder unter der bekannten französischen Bezeichnung »Café-Couette« (»Federbett«). Reservierung eine Woche im Voraus ist notwendig. Minimum: zwei Übernachtungen.

Im Gegensatz zu fast allen Häusern großer Hotelketten wie Holiday Inn, Mercure oder Novotel verfügen die meisten kleinen historischen Hotels im Stadtzentrum nicht über behindertengerechte Zimmer.

Die gängigen Kreditkarten werden in fast allen Hotels als Zahlungsmittel akzeptiert.

Preise für ein Doppelzimmer ohne Frühstück:

€€€€	ab 350 €	€€	ab 150 €
€€€	ab 200 €	€	bis 150 €

HOTELS €€€€

Bristol ▶ S. 138, A 7

Sehr exklusiv • Hotelpalast mit edlen Zimmern. Der Garten ist der schönste aller Pariser Hotelgärten.
Champs-Élysées • 112, rue du Faubourg St-Honoré • 75008 • Métro: Miromesnil (c 3) • Tel. 01/53 43 43 00 • www.lebristolparis.com • 162 Zimmer, 38 Appartements • €€€€

Crillon ▶ S. 138, B 8

Luxus-Klassiker • Beliebt als Zuflucht für Stars auf der Durchreise.
Concorde • 10, pl. de la Concorde • 75008 • Métro: Concorde (c 4) • Tel. 01/44 71 15 00 • www.crillon.com • 147 Zimmer, 40 Suiten • €€€€

L'Hôtel ▶ S. 109, b 2

Oscar Wildes Lieblingshotel • Hier paart sich Luxus mit Opulenz. Tipp: das Restaurant »Le Bélier«.
St-Germain • 13, rue des Beaux-Arts • 75006 • Métro: St-Germain-des-Prés (c 4) • Tel. 01/44 41 99 00 • www.l-hotel.com • 20 Zimmer, 3 Appartements • €€€€

Mandarin Oriental ▶ S. 139, D 8

Asiatischer Genusstempel • Das neu eröffnete Haus mit Spa, Garten und Patisserie bietet so viel Wohlfühl-Luxus, dass der Gast das Leben vor der Tür fast vergessen könnte.
Louvre • 251, rue Saint-Honoré • 75001 • Métro: Tuileries (c 4) • Tel. 01/70 98 78 88 • www.mandarinoriental.com • 99 Zimmer, 39 Suiten • €€€€

Plaza Athénée   ▶ S. 138, A 8

Mondänes Palacehotel • Die Lage mit dem wunderschönen, üppig grünen Patio ist hoch attraktiv: An der Avenue Montaigne residieren viele der großen Couturiers. Gourmets schweben im Restaurant »Alain Ducasse au Plaza Athénée« in den Sterne-Himmel. Fahrradverleih.
Champs-Élysées • 25, av. Montaigne • 75008 • Métro: Alma Marceau (b 4) • Tel. 01/53 67 66 65 • www.plaza-athenee-paris.com • 145 Zimmer, 42 Suiten • €€€€

Ritz   ▶ S. 138, C 8

Legendär • Marcel Proust pflegte hier zu dinieren, Coco Chanel hatte ihre eigene Suite, und Hemingway verbrachte seine Nächte an der Bar. Bis zum Sommer 2014 hält der Palast einen Schönheitsschlaf.
Opéra • 15, pl. Vendôme • 75001 • Métro: Opéra (c 3) • Tel. 01/43 16 30 30 • www.ritzparis.com • 162 Zimmer, 56 Suiten • €€€€

HOTELS €€€
L'Abbaye   ▶ S. 145, D 18

Suiten mit Dachterrasse • Wunderschönes, kleines Hotel, untergebracht in einem ehemaligen Kloster aus dem 18. Jh. Die Zimmer sind vergleichsweise klein.
St-Germain • 10, rue Cassette • 75006 • Métro: St-Sulpice (c 4) • Tel. 01/45 44 38 11 • www.hotel-abbaye.com • 42 Zimmer • €€€

Design Sorbonne   ▶ S. 145, E 18

Nahe beim Panthéon • Nach der Renovierung ist das Hotel in Universitätsnähe noch einladender geworden. Mit Frühstücksbuffet.
Quartier Latin • 6, rue Victor-Cousin • 75005 • Metro: Cluny La Sorbonne

(d 4), RER: Luxembourg (d 5) • Tel. 01/43 54 58 08 • www.hotel sorbonne.com • 39 Zimmer • €€€

Montalembert   ▶ S. 144, C 17

Für Fashion-Freaks • Mit viel Fingerspitzengefühl hat Star-Designer Christian Liaigre das Hotel in eine Art Gesamtkunstwerk verwandelt.
St-Germain • 3, rue Montalembert • 75007 • Métro: Rue du Bac (c 4), RER: Musée d'Orsay (c 4) • Tel. 01/45 49 68 68 • www.montalembert.com • 56 Zimmer • €€€

Récamier   ▶ S. 145, D 18

Sehr französisch • Wird als Geheimtipp unter Verlags- und Universitätsleuten gehandelt. Feines Frühstücksbuffet (18 €).
St-Germain • 3 bis, pl. St-Sulpice • 75006 • Métro: St-Sulpice (c 4) • Tel. 01/43 26 04 89 • www.hotel recamier.com • 24 Zimmer • €€€

Relais Christine   ▶ S. 109, c 2

Pariser Flair • Aparte Räume in einem ehemaligen Kloster. Total renoviert. Das Ambiente ist fein, sympathisch und gediegen.
St-Germain • 3, rue Christine • 75006 • Métro: Odéon (c 4) • Tel. 01/40 51 60 80 • www.relais-christine.com • 50 Zimmer • €€€

Résidence Henri IV   ▶ S. 145, F 18

Im Stil der Belle Époque • Komfortables, kleines Hotel, im Universitätsviertel am linken Seine-Ufer gelegen, romantisch eingerichtete, geräumige Zimmer.
Quartier Latin • 50, rue des Bernardins • 75005 • Métro: Maubert Mutualité (d 4) • Tel. 01/44 41 31 81 • www.residencehenry4.com • 8 Zimmer, 5 Appartements • €€€

HOTELS €€

Caron de Beaumarchais

▸ S. 103, a 3

Im Marais • Reizvoll sind Ambiente und Lage. Begrünter Innenhof.
Marais • 12, rue Vieille-du-Temple • 75004 • Métro: Hôtel-de-Ville, St-Paul (d 4) • Tel. 01/42 72 34 12 • www.carondebeaumarchais.com • 19 Zimmer • €€

Danube

▸ S. 109, a 2

Eleganter Charme • Familienbetrieb in Saint-Germain, exquisit, individuell eingerichtet, schöner Innenhof.
St-Germain • 58, rue Jacob • 75006 • Métro: St-Germain-des-Prés (c 4) • Tel. 01/42 60 94 07 • www.hotel danube.fr • 45 Zimmer, 6 Appartements • €€

Deux Îles

▸ S. 103, a 4

Klein und fein • Geschmackvolles Hotel in optimaler Lage auf der Seine-Insel Île Saint-Louis.

Île St.-Louis • 59, rue St-Louis-en-l'Île • 75004 • Métro: Pont Marie (d 4) • Tel. 01/43 26 13 35 • www.2iles.com • 17 Zimmer • €€

Hôtel Amour

▸ S. 139, D 6

Szene-Hit • Seitdem die Gegend um die Place Pigalle wieder »in« ist, eine begehrte Adresse. Von Künstlern dekorativ gestaltete Zimmer. Terrasse, Bar. Sehr angesagt.
Pigalle • 8, rue de Navarin • 75009 • Métro: Saint-Georges (c 2) • Tel. 01/ 48 78 31 80 • www.hotelamour paris.fr • 26 Zimmer • €€

Hôtel des Marronniers

▸ S. 109, b 2

Ideale Lage • Wunderbar an diesem charmanten Hotel mit seinen ruhigen, französisch eingerichteten Zimmern sind der Wintergarten und ein efeuumrankter Innenhof. Weißes Gestühl unter Kastanienbäumen lädt im Sommer zum Frühstück ein.

Deluxe-Suite im Hotel Ritz (▸ S. 14): Die 1898 gegründete Pariser Hotellegende an der Place Vendôme bettet ihre Gäste luxuriös und prunkvoll.

Keine Wandschmierereien, sondern individuelle, von Künstlern gestaltete Zimmer bietet das angesagte Hôtel Amour (▶ S. 15).

Gleich um die Ecke: die Literaten-cafés Flore und Deux Magots. St-Germain • 21, rue Jacob • 75006 • Métro: St-Germain-des-Prés (c 4) • Tel. 01/43 25 30 60 • www.hotel-marronniers.com • 37 Zimmer • €€

Hôtel de l'Université   ▶ S. 138, A 8

Im Herzen von St-Germain • Geschmackvolle Zimmer in einem ehemaligen Stadtpalais aus dem 17. Jh. St-Germain • 22, rue de l'Université • 75007 • Métro: St-Germain-des-Prés (c 4) • Tel. 01/42 61 09 39 • www.paris-hotel-universite.com • 28 Zimmer, 3 Dreibettzimmer • €€

Istria   ▶ S. 105, c 2

Charmant • Man Ray und Louis Aragon haben hier genächtigt. Die Inhaber wissen viel zu erzählen. Montparnasse • 29, rue Campagne-Première • 75014 • Métro: Raspail (c 5) • Tel. 01/43 20 91 82 • www.istria-paris-hotel.com • 26 Zimmer • €€

Lindbergh   ▶ S. 144, C 18

Freundlicher Service • Einladendes, kleines Hotel in einer reizvollen Gegend mitten in Saint-Germain. Geschmackvolle, moderne Zimmer. St-Germain • 5, rue Chomel • 75007 • Métro: Sèvres-Babylone (c 4) • Tel. 01/45 48 35 53 • www.paris-hotel-lindbergh.com • 26 Zimmer • €€

Pavillon Saint-Louis Bastille   ▶ S. 146, C 22

Interessantes Quartier • Frisch renoviert, einige Zimmer haben Terrasse oder Balkon. Nähe Marais. Bastille • 66, rue de Charenton • 75012 • Métro: Ledru Rollin (e 4) • Tel. 01/43 44 06 66 • 31 Zimmer, www.pavillonsaintlouisbastille.com • €€

HOTELS €

Collège de France   ▶ S. 145, E 18

Empfangshalle mit Kamin • Charmantes Hotel mit komfortablen Zimmern. Ideale Lage.

Quartier Latin • 7, rue Thénard • 75005 • Métro: Maubert Mutualité (d 4) • Tel. 01/43 26 78 36 • www.hotel-collegedefrance.com • 29 Zimmer • €

Eldorado   ▶ S. 138, C 6

Tipp für Bohemiens • Einfach, aber originell und liebevoll eingerichtet. Mit kleinem Garten.
Montmartre • 18, rue des Dames • 75017 • Métro: Place de Clichy (c 2) • Tel. 01/45 22 35 21 • www.eldorado hotel.fr • 33 Zimmer • €

Hôtel de Sèvres   ▶ S. 144, C 18

Schöne Umgebung • Sympathisches, modernisiertes Hotel im Herzen der Rive Gauche. Wintergarten und Spa.
St-Germain • 22, rue de l'Abbé-Grégoire • 75006 • Métro: Sèvres-Babylone (c 4), Saint-Placide (c 5) • Tel. 01/45 48 84 07 • www.hotel desevres.com • 31 Zimmer • €

Hôtel des Grandes Écoles
                              ▶ S. 145, F 18

Außergewöhnliche Lage • Kaum zu glauben: Das eher wie ein charmantes Landhaus anmutende Hotel ist auch noch von einem blühenden Garten umgeben. Hier gibt es Zimmer mit Blick ins Grüne mitten im quirligen Quartier Latin.
Quartier Latin • 75, rue du Cardinal Lemoine • 75005 • Métro: Cardinal Lemoine (d 4) • Tel. 01/43 26 79 23 • www.hotel-grandes-ecoles.com • 51 Zimmer • €

Hôtel du Cygne   ▶ S. 139, F 8

Gemütlich-traditionell • Untergebracht in einem Gebäude aus dem 17. Jh., im Hallenviertel.
Les Halles • 3–5, rue du Cygne • 75001 • Métro: Étienne Marcel (d 4) •

Tel. 01/42 60 14 16 • www.cygne-hotel-paris.com • 19 Zimmer • €

Jardin des Plantes   ▶ S. 145, F 18

Park-Nähe • Preiswert, ruhige Lage, liebevoll restauriert.
Quartier Latin • 5, rue Linné • 75005 • Métro: Jussieu (d 5) • Tel. 01/47 07 06 20 • www.h-jardin-plantes.com • 33 Zimmer • €

Mama Shelter   ▶ S. 141, F 12

Sehr cool • Das Hotel liegt im populären Belleville, das derzeit von der Szene erobert wird. Zimmer mit Kitchenette und iMac. Bibliothek, Café, Restaurant, Bar, Installationen.
Belleville • 109, rue de Bagnolet • 75020 • Métro: Alexandre Dumas (e 4), Gambetta (e 3) • Tel. 01/43 48 48 48 • www.mamashelter.com • 172 Zimmer • €

Place des Vosges   ▶ S. 103, c 3

Oase der Ruhe • Charmantes Hotel, herrlich gelegen an dem schönen gleichnamigen Platz in Marais.
Marais • 12, rue de Birague • 75004 • Métro: St-Paul (d 4), Bastille (e 4) • Tel. 01/42 72 60 46 • www.hotelplace desvosges.com • 16 Zimmer • €

Vieux Marais   ▶ S. 103, a 2

Mitten in Marais • Klein, schlicht, familiär. Zentrale, doch ruhige Lage.
Marais • 8, rue du Plâtre • 75004 • Métro: Hotel de Ville (d 4) • Tel. 01/42 78 47 22 • www.paris-vieux marais-hotel.com • 30 Zimmer • €

PRIVATUNTERKÜNFTE
Bed and Breakfast

Diese B & B-Agentur vermittelt Zimmer mit Frühstück (40–70 €) und Appartements (50–130 € pro Gast). www.bed-and-breakfast-in-paris.de

Essen und Trinken

Essen und Trinken Exzellente Haute Cuisine und einfache Hausmannskost, traditionelle Spezialitäten aus der Region und internationale Speisen – die Pariser Köche verwöhnen den Gast mit ihren Künsten.

◄ Nicht nur wegen des Zeichners Sempé ist das Café de Flore (► MERIAN-Tipp, S. 27) in St-Germain weltberühmt.

Magneten gleich ziehen die rund 12 000 Cafés, Bistros, Brasserien und Restaurants die Menschen in der Millionen-Metropole rund um die Uhr an. Die Franzosen lieben es, sich dem Genuss des Essens hinzugeben. Auf das Frühstück legen sie keinen spezifischen Wert, auf dem Weg zur Arbeit schnell einen Espresso im Stehen oder höchstens einen »grand crème« mit einem buttrigen Croissant, das reicht als »petit déjeuner«. Zwischen zwölf Uhr dreißig und vierzehn Uhr stürmen die Leute aus den Büros, Banken und Universitäten die Lokale zum »déjeuner« – dem Mittagessen –, kaum ein Platz bleibt unbesetzt. Wenn es dunkel wird in der Lichterstadt, öffnen sich die Pforten der kulinarischen Kultstätten zum »dîner«, dem Abendessen. Warten Sie, bis Ihnen der »maître d'hôtel«, der Oberkellner, einen Tisch zuweist.

Ein »menu« besteht normalerweise aus einer Vorspeise (»entrée«), Hauptgang (»plât principal«), Nachtisch (»dessert«) und/oder Käse (»fromage«). Brot und Wasser stehen auf dem Tisch. Zum Essen trinkt man gerne Rot- oder Weißwein.

Kreditkarten werden heute in fast allen Restaurants angenommen. Es ist üblich, ein bisschen Trinkgeld dazulassen (5–10 Prozent).

Besonders groß ist die Liebe der Franzosen zum Bistro, wobei der Begriff dehnbar ist: Es kann darunter das Kleinrestaurant mit Hausmannskost verstanden werden oder das Edel-Bistro mit perfekter Küche. Typisch für ein »echtes« Bistro sind die weißen Papiertischtücher und die handgeschriebene Speisekarte.

Essen wie Gott in Frankreich

Zu wahren Schlemmerhallen sind die Brasserien avanciert, einst aus dem Elsass »importierte« billige Brauereien, die Sauerkraut mit Schinken und Würsten servierten. Viele dieser Brasserien stammen noch aus der Zeit um die vorletzte Jahrhundertwende, und so speist man hier umgeben von prächtigem Jugendstildekor. Die absolute Spitze französischer Kochkunst erlebt der Gast, wenn er sich einen Platz (bereits Wochen im Voraus) in einem Pariser Gourmettempel reservieren lässt, etwa bei Alain Ducasse (im feudalen Hotel Plaza Athénée), bei Pierre Gagnaire, dem kreativsten unter den französischen Köchen (Hotel Balzac), oder im vornehmschlichten »L'Ambroisie«. Viele der großen Köche führen überdies sogenannte »neo bistros« – kleine Restaurants mit preiswerter, aber frisch zubereiteter Küche für all jene, die gut, aber nicht zu teuer essen wollen.

Ein Tipp: Besonders in den hochkarätigen Restaurants ist das Mittagsmenü oft nur halb so teuer wie das Menü am Abend. Und noch ein Rat: Vermeiden Sie in jedem Falle jene Lokale, die mit einem »menu touristique« locken oder versprechen: »We speak English«.

Übrigens: Sonntags sind viele Pariser Restaurants geschlossen.

Preise für ein dreigängiges Menü:

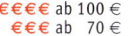

€€€€ ab 100 €   €€ ab 30 €
 €€€ ab 70 €   € bis 30 €

BISTROS

Benoît ▸ S. 139, F 8

Bistro par exellence • Das seit 1912 existierende Lokal mit seinem stilvollen authentischen Interieur gehört zum Imperium des Sternekochs Alain Ducasse. Schicker Promi-Treff. Châtelet • 20, rue St-Martin • 75004 • Métro: Châtelet (d 4) • Tel. 01/42 72 25 76 • www.benoit-paris.com • Mo–Fr bis 22 Uhr • €€

Le Chateaubriand ▸ S. 140, B 11

Sehr gefragt • Der baskische Wirt überrascht seine Gäste mit bizarren Speise-Kombinationen. Schlichtes Bistro-Interieur in angesagter Umgebung. République • 129, av Parmentier • 75011 • Métro: Goncourt (e 3) • Tel. 01/43 57 45 95 • Di–Fr 12–14, 20–23, Sa 20–23 Uhr • €€

Le Cochon à l'Oreille ▸ S. 139, E 8

Belle-Époque-Ambiente • An den gekachelten Wänden Szenen aus dem Markthallen-Leben. Hier werden urig-herzhafte Arme-Leute-Gerichte wie Lammbries serviert, sogenannte »plats canailles«. Touristisch, aber liebenswert. Les Halles • 15, rue Montmartre • 75001 • Métro: Les Halles (d 4) • Tel. 01/42 36 07 56 • Di–Fr 12–15 und 19.30–22.30 Uhr • €€

Le Comptoir ▸ S. 145, D18

In-Treff • Es gibt Leute, die ihren Paris-Aufenthalt danach planen, wann sie einen Platz an den 22 Tischen des »Comptoir« zum Abendessen bekommen. Das kann manchmal Monate dauern. Überzeugend ist das Preis-Leistungs-Verhältnis im Restaurant des Spitzengastronomen Yves Camdeborde, das zum Hôtel Saint-Germain gehört: Die stets wechselnden Menüs von bester, frischer Qualität sind bezahlbar. Dekor aus den 30er-Jahren. St-Germain • 9, Carrefour de L'Odéon • 75006 • Métro: Odéon (c 4) • Tel. 01/44 27 07 97 • www.hotel-paris-relais-saint-germain.com • Mo–Fr 12–18 und 20.30–24, Sa, So 12–23 Uhr • €€

Itineraires ▸ S. 145, F18

Sympathisch • Das Quartier Latin ist für seine touristischen Lokale bekannt (schlecht und teuer). In diesem kleinen »modernen« Bistro (einem sogenannten »neo-bistro«) unweit der Kirche Notre-Dame stimmen Qualität, Preise, Service. Tipp: Mittagsmenü für 18 €. Quartier Latin • 5, rue de Pontoise • 75005 • Métro: Maubert Mutualité (d4) • Tel. 01/46 33 60 11 • www.restaurantitineraires.com • Di–Sa 12–14 und 20–23 Uhr • €€

À la Pomponette ▸ S. 139, D 5

Gute Lage • Ein bis unter die Decke mit Zeichnungen, Porträts, Dokumenten und Spiegeln tapeziertes und trotzdem stilvolles Bistro (seit 1908) nahe dem Moulin Rouge. Montmartre • 42, rue Lepic • 75018 • Métro: Abbesses (d 2) • Tel. 01/46 06 08 36 • www.pomponnette-montmartre.com • Di–Sa 12–15 und 19–24 Uhr • €€

La Table Lauriston ▸ S.137, E4

Ideal zum Lunch • Nach einem ausgiebigen Besuch der Museen um das Palais de Chaillot lässt man sich gerne mit einem Menü verwöhnen, das in diesem ansonsten nicht gerade preiswerten Bistro im feinen Sechzehnten »nur« 25 Euro kostet.

Trocadéro • 129, rue Lauriston •
75016 • Métro: Trocadéro (b 4) •
Tel. 01/47 27 00 07 • www.latable
lauriston.com • Mo–Fr 12–14.30 und
19–22.30, Sa 19–22.30 Uhr • €€

Bistro des deux Théâtres

▸ S. 139, D 6

Bühnendekor • Wie der Name schon
sagt: Zahlreiche kleine Kabaretts und
Theater liegen in der Umgebung, und
die großen Kaufhäuser Le Printemps
und Galeries Lafayette sind nicht
weit. Abends ruhiger als mittags.
Montmartre • 18, rue Blanche •
75009 • Métro: Trinité (c 3) • Tel.
01/45 26 41 43 • www.bistro-cie.fr •
tgl. 12–14.30 und 19–24 Uhr • €

BRASSERIEN/HAUSMANNSKOST

Bofinger

▸ S. 146, B 21

Schlemmerhalle • In der ältesten
Brasserie von Paris (seit 1864)
herrscht im wahrsten Sinne des Wor-

tes Belle-Époque-Stimmung. Nicht
nur die Austern schmecken hier
exzellent. Fantastischer Dekor.
Bastille • 5, rue de la Bastille •
75004 • Métro: Bastille (e 4) •
Tel. 01/42 72 87 82 • www.bofinger
paris.com • tgl. 12–1 Uhr • €€

Chez Georges

▸ S. 139, E 8

Typisch pariserisch • Dieses kleine
Restaurant ist eine Institution im
Viertel. Man glaubt sich in die
Zeit um 1900 zurückversetzt: Theke,
Gestühl, Spiegel – alles original.
Viele Business-Leute.
Sentier • 1, rue du Mail • 75002 •
Métro: Sentier (d 3) • Tel. 01/42 60
07 11 • Mo–Sa 12–14 und 19–
21.45 Uhr • €€

Gallopin

▸ S. 139, E 7

Viktorianisches Interieur • Ein-
ladende Cocktailbar. Das viktoria-
nische Interieur ist so schön, dass

Als wegweisend gilt die Küche im Le Comptoir (▸ S. 20), das nicht nur kulinarisch,
sondern auch durch Ambiente und Preise überzeugt.

Benannt nach den blauen Zügen, die einst zwischen Paris und Lyon verkehrten, ziert das Le Train Bleu (▶ S. 23), ursprünglich ein Bahnhofsbuffet, die Gare de Lyon.

man den Abend gut mit einem Aperitif an der Bar beginnen kann. So manch ein Gast kommt direkt aus der Börse oder aus der Banque de France, die ganz in der Nähe liegen. Überhaupt: eine interessante Umgebung.
Bourse • 40, rue Notre-Dame-des-Victoires • 75002 • Métro: Bourse (d 3) • Tel. 01/42 36 45 38 • www.brasserie gallopin.com • tgl. 12–24 Uhr • €€

Le Grand Colbert   ▶ S. 139, D 8

Architektonisches Juwel • Allein der gekachelte Fußboden! Und die 6 m hohen Wände und Malereien. Die nach dem berühmten französischen Minister Jean-Baptiste Colbert (unter Ludwig XIV.) benannte »Grande Brasserie Parisienne« unweit des wunderschönen Palais-Royal-Gartens ist seit 1900 beliebter Treffpunkt eines kosmopolitischen Publikums.

Bourse • 2–4, rue Vivienne • 75002 • Métro: Bourse (d 3) • Tel. 01/42 86 87 88 • www.legrandcolbert.fr • tgl. 12–1 Uhr • €€

Au Pied de Cochon   ▶ S. 139, E 8

Pariser Institution • Seit 1946 ist der »Schweinsfuß« im legendären Hallenviertel rund um die Uhr geöffnet und bietet seinen Gästen auch noch morgens um zwei Uhr Schwein in allen Variationen. Die meisten Nachteulen aber ziehen um diese Stunde die gute Zwiebelsuppe vor.
Les Halles • 6, rue Coquillière • 75001 • Métro: Châtelet-les-Halles (d 4) • Tel. 01/40 13 03 81 • www.pieddecochon.com • tgl. 24 Std. geöffnet • €€

Le Balzar   ▶ S. 145, E 18

Intellektuellen-Treff • Nur wenige Schritte von der Universität Sorbonne entfernt. Die »Kantine« der

Professoren und Studenten des Quartier Latins. Art-déco-Interieur. Quartier Latin • 49, rue des Écoles • 75005 • Métro: Cluny la Sorbonne (d 4) • Tel. 01/43 54 13 67 • www.brasseriebalzar.com • tgl. 12–24 Uhr • €

Chartier 🍴🍴 ▶ S. 139, E 7

Preiswertes Vergnügen • In dieses große Belle-Époque-Lokal geht man nicht, um exquisit zu tafeln, sondern um seinen Hunger mit Steaks frites, Kotelett oder einer herzhaften Zwiebelsuppe zu stillen. Wie die Ober durch den brodelnden Saal eilen: ein Spektakel!
Grands Boulevards • 7, rue du Faubourg-Montmartre • 75009 • Métro: Grands Boulevards (d 3) • Tel. 01/47 70 86 29 • www.restaurant-chartier.com • tgl. 11–15 und 18–22 Uhr • €

FISCH/AUSTERN & MEERESFRÜCHTE

Le Train Bleu ▶ S. 146, B 22

Grandiose Belle-Époque-Kulisse • Im »schönsten Bahnhofslokal der Welt« speist der Gast unter glänzenden Kronleuchtern und herrlichen Deckengemälden. Sie zeigen jene Regionen Frankreichs, die man zu Beginn des 20. Jh. von hier aus, von der Gare de Lyon, mit dem Zug erreichen konnte.
Bastille • 20, bd. Diderot • 75012 • Métro: Gare de Lyon (e 5) • Tel. 01/44 75 76 76 • www.le-train-bleu.com • tgl. bis 22 Uhr • €€€

La Coupole 🍴🍴 ▶ S. 144, C 19

Legendär • Allmorgendlich trafen sich hier Jean-Paul Sartre und Simone de Beauvoir, auch Hemingway, Chagall und Picasso waren häufig zu Gast. Das Art-déco-Dekor der Brasserielegende am Montparnasse stammt von 1927.
Montparnasse • 102, bd. du Montparnasse • 75014 • Métro: Vavin (c 5) • Tel. 01/43 20 14 20 • www.lacoupole-paris.com • tgl. bis 2 Uhr • €€

Rech ▶ S. 137, E2

Stilvoll und persönlich • Der französische Starkoch Alain Ducasse beglückt seine Gäste mit leichten, fantasievoll zusammengestellten Fischgerichten, begleitet von ausgesuchten Weinen. Und erst der abschließende Camembert! Tipp: Mittagsmenu für 34 €.
Étoile • 62, av des Ternes • 75017 • Métro: Ternes (b 3) • Tel. 01/45 72 29 47 • www.rech.fr • tgl. 12–14 und 18.30–22 Uhr • €€

Le Vaudeville ▶ S. 139, D 8

Medien-Treff • In unmittelbarer Nachbarschaft liegt die Nachrichtenagentur Agence France Presse, und die Börse ist auch nicht weit. Sehr authentische Stimmung im schönsten Jugendstilambiente.
Bourse • 29, rue Vivienne • 75002 • Métro: Bourse (d 3) • Tel. 01/40 20 04 62 • www.vaudevilleparis.com • tgl. 12–15 und 19–1 Uhr • €€

FRANZÖSISCH-ASIATISCH

Tokyo Eat ▶ S. 137, F 4

Stylish • Das mit Tischen und Stühlen in Knallfarben eingerichtete Restaurant im Museum für moderne Kunst ist besonders beliebt bei allen, die in diesem und den umliegenden Museen oder sonst irgendwie mit Kunst zu tun haben.
Trocadéro • Palais de Tokyo, 13, av. du Président Wilson • 75016 • Métro: Iéna (b 4) • Tel. 01/47 20 00 29 • Di–So 12–15 und 20–23.30 Uhr • €€

FRANZÖSISCH/REGIONAL

Ambassade d'Auvergne

▸ S. 139, F 8

Rustikal • Ein Muss für alle, die französische Spezialitäten aus der Auvergne mögen.
Marais • 22, rue du Grenier-St-Lazare • 75003 • Métro: Rambuteau (d 4) • Tel. 01/42 72 31 22 • www.ambassade-auvergne.com • tgl. 12–23 Uhr • €€

L'Escargot Montorgueil

▸ S. 139, E 8

Spezialität: Schnecken • Die hier servierte gute französische Küche genossen schon Marcel Proust und Sarah Bernard, nach der auch einer der kleinen »Salons« benannt ist. Charlie Chaplin und Picasso nannten das im Stil des Second Empire eingerichtete Traditionslokal liebevoll ihre »Pariser Kantine«. Persönliches Ambiente.

MERIAN-Tipp   1

LAURENT   ▸ S. 138, B 8

Wenn möglich, wählt man einen Sommerabend, um unter großen Schirmen auf der mit Blumen und Grün üppig bepflanzten Gartenterrasse in einem der elegantesten Restaurants von Paris zu dinieren. Der französische Präsident residiert gleich nebenan, und die Champs-Élysées zeigen sich an dieser Stelle in ihrer ganzen Pracht.
Champs-Élysées • 41, av Gabriel • 75008 • Métro: Champs-Élysées-Clémenceau (c 3/4) • Tel. 01/42 25 00 39 • www.lelaurent.com • Mo–Fr 12.30–14, 19.30–23.30, Sa 19.30–23.30 Uhr • €€€€

Les Halles • 38, rue Montorgueil • 75001 • Métro: Etienne-Marcel, Les Halles (d 4) • Tel. 01/42 36 83 51 • www.escargot-montorgueil.com • Di–So bis 23 Uhr • €€

FRANZÖSISCH UND INTERNATIONAL

Le Georges

▸ S. 139, F 8

Einzigartiges Panorama • Nicht zuletzt wegen des wirklich tollen Blickes auf die erleuchtete Stadt ist das Restaurant auf dem Dach des Kulturtempels Centre Pompidou so begehrt. Super gestylt. Ein wenig zu teuer, aber wie gesagt: der Blick!
Beaubourg • 120, rue St-Martin • 75004 • Métro: Rambuteau, Hotel de Ville (d 4) • Tel. 01/44 78 47 99 • Mi–Mo bis 2 Uhr • €€

Restaurant du Palais Royal

▸ S. 139, D 8

Exquisite Lage • Zu der königlichen Residenz, 1626 von Kardinal Richelieu erbaut, gehört einer der schönsten öffentlichen Gärten von Paris. Ein Genuss, an einem warmen Sommerabend auf der Terrasse des Restaurants mit Blick in den Garten zu sitzen und in der Stille zu speisen.
Palais Royal • 110, galerie de Valois • 75001 • Métro: Palais Royal (c 4) • Tel. 01/40 20 00 27 • www.restaurantdupalaisroyal.com • Mo–Sa 12–14 und 19–22 Uhr • €€

La Société

▸ S. 145, D 17

Neuester In-Treff • Hinter dem Portal mit der Nr. 4 verbirgt sich eine mondäne Location, die neuer Anziehungspunkt der Szene von Saint-Germain ist: eine Mischung aus Restaurant-Café-Club. Mit dem Frühstück geht es los, und die letzten Gäste verabschieden sich weit nach Mitternacht.

Die Maison des Trois Thés (▶ S. 27) ist ein wahrer Tempel für Teekenner. Im Keller lagern über 1000 Teesorten verschiedenster Jahrgänge, die ältesten aus dem Jahre 1890.

St-Germain • 4, pl. St-Germain •
75006 • Métro: St-Germain-des-Prés
(c 4) • Tel. 01/53 63 60 60 •
www.societe-restaurant.com •
tgl. 9–2 Uhr • €€

Au Bon Acceuil   ▶ S. 143, F 13

Sommerterrasse mit Blick auf den
Eiffelturm. Tipp: Man komme zum
Mittagessen, weil das Menü ausge-
zeichnet und dabei bezahlbar ist
(27 €). Jacques Lacipière stellt seine
Speisekarte stets neu zusammen – je
nach Jahreszeit und marktfrischem
Angebot. Die Desserts: köstlich!

Champs de Mars • 14, rue de Monttes-
suy • 75007 • Métro: Alma Marceau
(b 4) • Tel. 01/47 05 46 11 • Mo–Fr
12–14.30 und 19.30–22.30 Uhr • €

HAUTE CUISINE

L'Arpège   ▶ S. 144, B 17

Gourmettempel • In der Haute Cuisine stark im Trend: die Gemüse-
küche. Der für seine »cuisine légu-
mière« bekannte Spitzengastronom
Alain Passard hat rotes Fleisch von
seiner Speisekarte verbannt und bietet dem Gast täglich frisch Geerntes-
tes. Natürlich lässt er sich ausgefal-

lene Gemüsesorten und Kräuter teuer bezahlen.
Invalides • 84, rue de Varenne • 75007 • Métro: Varenne (c 4) • Tel. 01/47 05 09 06 • www.alain-passard.com • Mo–Fr 12–14 und 19.30–22.15 Uhr • €€€€

Le Grand Véfour ▸ S. 139, D 8

Historischer Ort • 1784 unter Philippe Égalité gegründet. Hier haben von Napoléon über Victor Hugo bis zu Colette schon zahlreiche Größen gespeist. Wunderschönes Directoire-Interieur, das unter Denkmalschutz steht. Besitzer ist seit 2000 Frankreichs Spitzenkoch Guy Martin.
Palais Royal • 17, rue de Beaujolais • 75001 • Métro: Bourse (d 3) • Tel. 01/42 96 56 27 • www.grand-vefour.com • Mo–Fr abend bis 22.15 Uhr • €€€€

Pierre Gagnaire ▸ S. 137, F 3

Schick • Der wohl unbestritten kreativste Koch unter Frankreichs Spitzengastronomen. Modernes Ambiente, zeitgenössische Kunst. Mittagsmenü um 90 €.
Étoile • 6, rue Balzac • 75008 • Métro: Georges V (b 3) • Tel. 01/58 36 12 50 • www.pierre-gagnaire.com • Mo–Fr 12–14 und 20–22.30 Uhr, Sa mittags und So geschl. • €€€€

Jules Verne ▸ S. 143, E 13

123 Meter über der Stadt • Um den spektakulären Blick genießen zu können, sollte man sich hier vielleicht ein Mittagessen gönnen (Mo–Fr, rund 85 €). Sitz des Restaurants, das dem Sternekoch Alain Ducasse gehört, ist der Eiffelturm.
Champ de Mars • 75007 • Métro: Bir Hakeim, Champ de Mars (b 4) • Tel. 01/45 55 61 44 • www.lejules

verne-paris.com • tgl. 12.15–13.30 und 19–21.30 Uhr • €€€€

Taillevent ▸ S. 137, F 3

Geheimtipp • Insider sagen, dieses klassisch eingerichtete Restaurant sei insofern unschlagbar, als hier vom Ambiente über den Service bis hin zum Wein – und natürlich den Kreationen des Küchenchefs Del Burgho! – einfach alles stimme. Wenige Tische, lange im Voraus reservieren.
Étoile • 13, rue Lamennais • 75008 • Métro: Étoile (b 3) • Tel. 01/44 95 15 01 • www.taillevent.com • Mo–Fr 12–14 und 19–21.30 Uhr • €€€€

La Dame de Pic ▸ S. 139, E 8

Hier regiert eine Frau • Kaum hat Frankreichs einzige Drei-Sterne-Köchin Anne-Sophie Pic ihr Restaurant in einem ehemaligen Antiquariat im Seine-nahen 1. Arrondissement eröffnet, schon rennt ihr das kulinarische Paris die Türen ein. Feine, leichte, produktbezogene Küche.
Louvre • 20, rue du Louvre • 75001 • Métro: Louvre-Rivoli (c/d 4) • Tel. 01/42 60 40 40 • www.ladamedepic.fr • Mo–Sa 12–14.30, 19.30–22.30 Uhr • €€€

CAFÉS

Berthillon ▸ S. 145, F 18

Seit drei Generationen • Das beste Eiscafé der Stadt mit 60 verschiedenen Sorten Eis und Sorbet.
Île St-Louis • 29–31, rue St-Louis-en-Î'le • 75004 • Métro: Pont Marie (d 4) • www.berthillon.fr • Mi–So 10–20 Uhr

Café Charbon ▸ S. 140, B 12

Szenecafé • Angesagter Treff in der Szenegegend zwischen Bastille und Belleville.

Bastille • 109, rue Oberkampf •
75011 • Métro: Parmentier (e3) •
Tel. 01/43 57 55 13 • tgl. bis 2 Uhr

Café Marly   ▶ S. 139, D 8

Schick und beliebt • Exquisiter Treff
von »tout Paris« im Richelieu-Flügel
des Louvre.
Louvre • 93, rue de Rivoli • 75001 •
Métro: Palais Royal, Musée du Louvre
(c 4) • Tel. 01/49 26 06 60 • tgl. 8–
2 Uhr

Les Deux Magots   ▶ S. 109, a 2/3

Institution • In den 1950er-Jahren
Treffpunkt der Existenzialisten. In
Saint-Germain.
St-Germain • 171, bd. St-Germain-
des-Prés • 75006 • Métro: St-Germain-des-Prés (c 4) • Tel. 01/45 48
55 25/26 • www.lesdeuxmagots.fr •
tgl. 8–2 Uhr

Le Sélect   ▶ S. 144, C 19

Eine Legende • Berühmtes Café am
Montparnasse.
Montparnasse • 99, bd. du Montpar-
nasse • 75014 • Métro: Vavin (c 5) •
Tel. 01/45 48 38 24 • tgl. 8.30–
2.30 Uhr

TEESALONS UND SANDWICH-BARS
Angelina   ▶ S. 138, C 8

Fein • Berühmter Teesalon. Am Tisch
Nr. 12 pflegten schon Marcel Proust
und Coco Chanel zu sitzen.
Louvre • 226, rue de Rivoli • 75001 •
Métro: Tuileries (c 4) • tgl. 9.30–19 Uhr

Ladurée

Sehr pariserisch • Edelpatisserie,
eingerichtet im Stil des Second
Empire. Am linken Seine-Ufer eröffnete Ladurée eine Filiale – ein
wahres Märchen aus blauer und gol-
dener Seide.

MERIAN-Tipp **2**

CAFÉ DE FLORE   ▶ S. 145, D 17

Unvorstellbar: Paris ohne seine
Kaffeehäuser. Dieses Literaten-
café im Intellektuellen-Viertel
Saint-Germain am linken Seine-
Ufer ist eins der legendärsten, berühmt geworden u.a. durch das
Schriftsteller-Paar Simone de
Beauvoir und Jean-Paul Sartre, die
während des Zweiten Weltkriegs
und in den Jahren danach hierher
kamen, um bei einem »petit noir«
oder »exprès« in der Wärme des
hauseigenen Ofens stundenlang
zu schreiben, Zeitung zu lesen
und zu diskutieren. Heute gehören Verlags-, Mode- und Filmleute
zu den Stammgästen des »Flore«.
St-Germain • 172, bd. St-Germain • 75007 • Métro: St-Germain-des-Prés (c 4) • Tel. 01/
45 48 55 26 • www.cafe-de-
flore.com

– Concorde • 16, rue Royale • 75008 •
Metro: Concorde (c 4)   ▶ S. 138, C 8
– St-Germain • Ecke Rue Bonaparte/
Rue Jacob • 75007 • Métro: St-Ger-
main-des-Prés (c 4)   ▶ S. 109, a 2

Maison des Trois Thés
▶ S. 145, F 19

Große Auswahl • Das Geschäft
von Madame Yu Hai Tsen gilt als
das beste Teehaus Europas. Exklusive
Teesorten aus China. Teekunde, Verkostung (vorher reservieren!) und
wunderschönes Zubehör.
Quartier Latin • 1, rue Saint-Médard •
75005 • Métro: Place Monge (d 5) •
Tel. 01/43 36 93 84 • Di–So 11–
19 Uhr (Verkostung ab 13 Uhr)

grüner
reisen

Wer zu Hause umweltbewusst lebt, möchte dies vielleicht auch im Urlaub tun. Mit unseren Empfehlungen im Kapitel grüner reisen wollen wir Ihnen helfen, Ihre »grünen« Ideale an Ihrem Urlaubsort zu verwirklichen und Menschen zu unterstützen, denen ein verantwortungsvoller Umgang mit der Natur am Herzen liegt.

Auf dem Weg zu einer grünen Stadt

Als Bertrand Delanoe, seit 2001 Bürgermeister von Paris, 2008 wiedergewählt wurde, war diese Wahl auch ein Vertrauensbeweis der Pariser in Delanoes progressive, ökologisch ausgerichtete Politik. Seit seiner Amtseinführung hat der Bürgermeister – in Zusammenarbeit mit der Grünen Partei – entschieden und kontinuierlich daran gearbeitet, Frankreichs Metropole zu einer umweltbewussten, attraktiven und »lebenswerteren« Stadt zu machen.

Stichwort Verkehr: Um ein zügigeres Vorankommen der Linienbusse zu gewährleisten, wurde eine eigene Spur für sie ausgewiesen; seit 2006 fährt im Süden von Paris wieder »Le Tram«, die Straßenbahn, ein Volltreffer war die Einrichtung des öffentlichen Fahrradleihsystems »Vélib«, und bis 2013 soll die verkehrsreiche Place de la République in eine begrünte Fußgängerzone mit Bäumen, Café und einem Obst- und Gemüsemarkt umgestaltet werden. Aber nicht nur im Hinblick auf den Verkehr ist in Paris Umdenken angesagt: Immer mehr Restaurants servieren regionale Produkte aus ökologischem Anbau. Außerdem im Trend: das Hochzeitskleid aus Naturfasern.

ÜBERNACHTEN

Le Marceau Bastille ▸ S. 146, B 22

Dieses moderne, im lebendigen Bastille-Viertel gelegene Hotel verfügt über einige Zimmer, die als »Écolo« angeboten werden, was bedeutet, dass sie nach ökologischen Gesichtspunkten eingerichtet sind: mit Möbeln aus Holz und in sanften Tönen. Das Hotel hat ein Restaurant, eine Kunstgalerie und einen Fitnessbereich.
Bastille • 13, rue Jules César • 75012 • Métro: La Bastille (e 4) • Tel. 01/70 61 46 86 • www.hotel marceaubastille.com • 55 Zimmer • ♿ • €€€

ESSEN UND TRINKEN

Le Grenier Notre-Dame
▸ S. 145, F 18

Ausgerechnet in einer kleinen Straße, in der es viele Schlachtereien gab, eröffnete in den 70er-Jahren das erste vegetarische Restaurant von Paris und hatte Erfolg: Man sitzt verhältnismäßig eng, aber die Stimmung ist herzlich, und die Karte bietet interessante vegetarische Speisen.
Quartier Latin • 18, rue de la Bûcherie • 75005 • Métro: Maubert Mutualité (d 4) • Tel. 01/43 29 98 29 • www.parisvegetarian.com • tgl. 12–14.30 und 19–23 Uhr • €€

Bread and Roses ▸ S. 145, D 18

Nach einem Spaziergang durch das Viertel kann man sich in dem kleinen, angenehmen Laden-Restaurant bei einem Salatteller oder einem Stück köstlichem Kuchen wunderbar erholen und gleich noch ein paar Dinge einkaufen. Sehr gutes Brot. Vor der Tür stehen ein paar Tische. Sympathisch und freundlich.
St-Germain • 62, rue Madame • 75006 • Métro: St-Sulpice (c 4) • €

Cru ▸ S. 146, A 21

Rohkost! Vielleicht ein Teller mit nur roten Gemüsesorten? Oder eine grüne Variation auf Gurken-Basis? Aber es gibt auch köstliche Carpaccios. Modernes Bistro mit kleinem Innenhof nahe der Place des Vosges.
Marais • 7, rue Charlemagne, 75004 • Métro: St-Paul (d4) • Tel. 01/1 40 27 81 84 • Di–Sa 12.30–14.30, 19.30–23 , So 12.30–14.30 Uhr • €

Le Gaigne ▸ S. 145, F 17

Das winzige Bistro liegt in einer versteckten Straße (Nähe Centre Pompidou). Der junge Küchenchef hat schon mit dem Pariser Spitzenkoch Pierre Gagnaire zusammengearbeitet und erfreut seine Gäste mit viel Bio-Frischem vorwiegend aus der Provence.
Beaubourg • 12, rue Pecquay • 75004 • Métro: Rambuteau (d 3/4) • Tel. 01/44 59 86 72 • www.restaurant legaigne.fr • Di–Sa 12.15–14, 19.30–22.30 Uhr • €

Racines ▸ S. 139, E 7

Wer Wein aus biologisch-dynamischem Anbau vorzieht, hat in dieser Wein-Bar eine große Auswahl. Die Speisekarte bietet eine Reihe wohlschmeckender Snacks und vor allem hervorragenden Käse. Das Lokal liegt in der schönen Passage des Panoramas (19. Jh.), der ältesten Passage von Paris. Kleine, alte Läden rechts und links, Restaurants – ein Vergnügen.
Bourse • Grands Boulevards, 8, Passage des Panoramas • 75009 • Métro: Bourse (d 3) • Mo–Fr 12–24 Uhr • €

EINKAUFEN

Hédonie ▸ S. 144, D 18

Ein Einkaufsparadies für Öko-Freaks: Konfitüren, Honig, Gewürze, Kaffee und viel Schönes zum Verschenken.

St-Germain • 6, rue de Mézières •
75006 • Métro: Saint-Sulpice (c 4) •
Mo–Sa 11–20 Uhr

Marché Bio Raspail ▶ S. 144, C 18

Dieser zwischen den Métrostationen Sèvres-Babylone und Rennes gelegene Markt ist ein reiner, auch recht teurer Bio-Markt, und am Sonntagmorgen treffen sich die Schicken und Schönen von Saint-Germain, um Obst vom Kleinbauern aus der Normandie und Fleisch aus artgerechter Tierhaltung zu erstehen.
St-Germain • Boulevard Raspail •
75006 • Métro: Rennes (c 4) • So
9–13 Uhr

Rose Bakery ▶ S. 139, E 6

Die Inhaber dieses kleinen Cafés, ein franco-britisches Paar, achten sehr genau sowohl auf Herkunft als auch Qualität ihrer Produkte und beziehen diese vorwiegend bei kleinen Produzenten. Köstlich sind der Karottenkuchen und die Schoko-Kastanien-Torte. Sonntags gibt's Brunch. Man probiere die Scones! Sehr gefragter Ort.
Pigalle • 46, rue des Martyrs •
75009 • Métro: Anvers (d 2) • Di–Fr
9–19, Sa, So 10–17 Uhr

WELLNESS

L'appartement 217 ▶ S. 138, C 8

Ein »Bio«-Beauty-Salon erster Güte. Allein die nach der Philosophie des Feng Shui ausgestatteten Räume in einem großen, lichtdurchfluteten Pariser Appartement sind so einladend, dass man sich dort am liebsten gleich einen ganzen Tag lang aufhalten würde – was natürlich möglich ist. Als Belohnung gibt es dann sogar ein Essen umsonst – zubereitet aus biodynamischen Produkten. Von Massagen über Entschlackungsbehandlungen bis zu Gesichts- und Körperpflege mit rein biologischen Produkten, alles wird hier auf höchst entspannende Weise geboten.
Louvre • 217, rue Saint-Honoré •
75001 • Métro: Tuileries (c 4)

Romain Colors ▶ S. 144, B 18

Der Haarstylist, der seinen Salon im schicken Diplomatenviertel hat, verwendet nur Pflanzenfarben und verwöhnt seine Klientel in entspannter Zen-Atmosphäre mit Bioprodukten.
St-Germain • 37, rue Rousselet •
75007 • Métro: Vaneau (c 4) •
Tel. 01/42 73 24 19

AKTIVITÄTEN

Les Amis de la Nature

Gemeinsame Wanderungen in die unmittelbare Umgebung von Paris, aber auch ein Spaziergang durch die kleinen Straßen von Montmartre. Treffpunkt ist jeweils einer der Pariser Bahnhöfe.
www.amisnature-pariscentre.org

Cinéaqua ▶ S. 137, E 4

Eine sensationelle Unterwasserlandschaft mitten in Paris. Östlich des Trocadéro-Platzes, gleich gegenüber des Eiffelturms, tummeln sich in Europas neuestem Aquarium Haie und Karpfen, Störe und Seeigel. Über 500 Arten bevölkern die insgesamt 3500 qm großen Süß- und Salzwasserbecken, die nach unterschiedlichen Regionen (Pazifik, Karibik, Mittelmeer etc.) unterteilt sind. In drei Kinosälen werden auf riesigen Großleinwänden Filme gezeigt, und das Theaterstück »Ozeanien ist keine Müllkippe« macht Groß und Klein auf die Verschmutzung der Meere und ihre katastrophalen Auswirkungen auf die Tier- und Pflanzenwelt aufmerksam. Phänomenal ist

Alles, was das Herz begehrt, aus biologischer Herstellung: Bei Hédonie (▶ S. 29) findet man auch wunderbare Mitbringsel.

der Blick auf das große Unterwasser-becken vom Café-Restaurant aus. Trocadéro, 5, av. Albert De Mun • 75016 • Métro: Trocadéro (b 4) • www. cineaqua.com • tgl. 10–20 Uhr, letzter Einlass 18 Uhr • Eintritt 19,90 €, Kinder 12,90 €

Le Jardin des Grands Moulins ϔϔ
▶ S. 146, C 24

Im Zuge der städtebaulichen Entwicklung am südöstlichen Seine-Ufer ist zwischen Avenue de France und Rue des Grands Moulins ein 12 000 qm großer Park eröffnet worden, der für Einwohner und Besucher dieses Viertels eine Oase der Ruhe und Erholung ist. Der nach rein ökologischen Kriterien angelegte Garten ist mit seinen zahlreichen Möglichkeiten für Sport (Basketball, Tischtennis) und Spiel auch ideal für einen Ausflug mit Kindern.

Masséna • 75013 • Métro: Bibliotheque François Mitterrand (e 5)

Vélib und Autolib'

Es ist offensichtlich: Die Metropole erlebt einen Fahrradkult, »sanfte« Fortbewegung ist zunehmend gefragt. Seit 2007 verfügt Paris über rund 1500 automatische Ausleihstationen. 20 600 Räder stehen hier rund um die Uhr bereit und können für eine Entdeckungstour durch die Stadt geliehen werden: Die erste halbe Stunde ist kostenlos, dann zahlt man pro halbe Stunde einen Euro Miete. Zahlung mit Kreditkarte. Tipp: Man sollte sich den kostenlosen Plan »Paris à Vélo« besorgen, auf dem alle Fahrradwege eingetragen sind. Ebenfalls interessant: das neue Carsharing »Autolib'« mit 3000 elektrischen Bluecars. www.velib.paris.fr

Einkaufen
Betörende Düfte, sündige Dessous, verführerische Delikatessen, Designer aller Sparten an einem Ort vereint ... Diese Stadt ist ein einzigartiger Shopping-Traum!

◄ Im luxuriösen Ambiente hält die Parfümerie Guerlain (▸ S. 38) die ganze Palette an exklusiven Pflegeprodukten bereit.

»Überall in der Welt repräsentiert die Pariserin die Eleganz«, sagte einmal Frankreichs berühmter Modeschöpfer Yves Saint-Laurent, und sein kaum minder bekannter Kollege Jean-Louis Scherrer meinte: »Die Pariserin ist für mich die ideale Frau, denn sie ist vielfältig. Allermeist ist sie eine aktive Frau, die ununterbrochen mit den Wirklichkeiten des Lebens zusammentrifft, also mit der Mode.«

Selbst wenn das maßgeschneiderte Chanel-Kostüm immer nur ein Traum bleiben kann – den Blick in die Läden der Haute Couture sollte man sich gönnen! Die großen Klassiker residieren vorwiegend auf den Modemeilen Avenue Montaigne und Rue du Faubourg Saint-Honoré im 8. Arrondissement. Namen wie Comme des Garçons, Jean-Paul Gaultier oder Yohji Yamamoto findet man zwischen Opéra und Palais Royal und in der eleganten Rue de Cambon im 1. Stadtbezirk. Am linken Seine-Ufer, in Saint-Germain-des-Prés, haben Designer wie Sonia Rykiel oder Armani ihre Boutiquen. Zwischen Oper und Place Vendôme strahlen Diamanten und Rubine, glänzen Silber und üppiges Gold. Hier haben die großen Juweliere ihren Sitz. Rund um die Madeleine-Kirche locken so exquisite Delikatess-Geschäfte wie der Gourmettempel Fauchon, ein absolutes Paradies für Feinschmecker. Hier kann man übrigens auch gut das berühmte kleine Mitbringsel für die Lieben daheim besorgen. Appetitanregend ist auch ein Spaziergang durch die beiden historischen Einkaufsgalerien **Vivienne** und **Véro-Dodat** (▸ MERIAN-Tipp, S. 82), und höchst verführerisch gestaltet sich ein Bummel unter den Arkaden des Palais Royal in der Stadtmitte.

Unendlich groß ist die Auswahl an allem, was das Herz begehrt, in den beiden Edel-Kaufhäusern **Galeries Lafayette** und **Printemps** auf dem rechten Ufer. Die echte Pariserin allerdings kauft im **Bon Marché** links der Seine ein, es ist ihr Kaufhaus. Wer Grabbelkisten liebt und gerne nach Ausgefallenem stöbert, sollte sich auf den Weg in den riesigen Discounterladen **Tati** im Afrikaner-Viertel Barbès machen. Hier ist Paris nicht nur preiswert, sondern auch noch sehr echt.

ANTIQUITÄTEN

Carré Rive Gauche

▸ S. 144/145, C/D 17

Für Liebhaber von Antiquitäten bietet sich hier eine riesige Auswahl an alten Möbeln, Keramik und Kunst. Die 130 Geschäfte liegen in den kleinen historischen Straßen zwischen Quai Voltaire, Rue de l'Université, Rue des Saints-Pères und Rue du Bac.

St-Germain • RER: Musée d'Orsay (c 4)

Le Louvre des Antiquaires

▸ S. 139, D 8

Ein luxuriöser Supermarkt. Hier präsentieren 250 Antiquitätenhändler auf 10 000 qm alles, was Sammlerherzen höher schlagen lässt.

Palais Royal • 2, pl. du Palais Royal • 75001 • Métro: Palais Royal (c 4) • Di–So 11–19 Uhr

Viaduc des Arts

▸ S. 147, D/E 23

Entlang der Avenue wandelt man unter üppigem Grün. Hier verkau-

fen Kunsthandwerker und zeitgenössische Künstler ihre Produkte.
Bercy • 9–129, av. Daumesnil •
75012 • Métro: Daumesnil (e 5)

Village Saint-Paul   ▶ S. 146, A 21

Ein ganzes »Dorf« voller Antiquitäten in den alten Gässchen des Ma-
rais-Viertels am rechten Seine-Ufer.
Marais • 7–21, rue St-Paul • 75004 •
Métro: St-Paul (d 4) • Do–Mo

Village Suisse   ▶ S. 143, F 13

150 Händler, die hier schon seit
50 Jahren ihre Stände haben. Sehr
geschmackvoll, sehr französisch, sehr
beliebt.
Grenelle • 78, av. de Suffren • 75007 •
Métro: La-Motte-Picquet-Grenelle
(b 4) • Do–Mo 10.30–19 Uhr

AUKTIONEN

Nouvel Hôtel Drouot   ▶ S. 139, E 7

Das Pariser Auktionshaus versteigert
täglich Kostbares aus Nachlässen,
Kunst und Kitsch.
Grands Boulevards • 9, rue Drouot •
75009 • Métro: Richelieu Drouot (d 3),
Le Peletier (c 3) • www.drouot.com •
Mo–Sa 11–18 Uhr, Aug. und Sa im
Juli und Sept. geschl. • Auktionen ab
14 Uhr

BROT

Poilâne

Der berühmteste Bäcker von Paris
mit dem besten dunklen Brot. Die
Leute stehen Schlange für die »tarte
aux pommes« (Apfelkuchen).
www.poilane.fr • Mo–Sa 7.15–20 Uhr
– St-Germain • 8, rue du Cherche-
Midi • 75006 • Métro: Sèvres-
Babylone (c 4)   ▶ S. 144, C 18
– Grenelle • 49, bd. de Grenelle •
75015 • Métro: Dupleix (b 4)
▶ S. 143, F 14

BÜCHER

Assouline   ▶ S. 145, D 17

Das junge Verleger-Paar Prosper und
Martine Assouline hat sich auf die
Publikation luxuriös ausgestatteter
Bücher und Bildbände spezialisiert.
St-Germain • 35, rue Bonaparte •
75006 • Métro: St-Germain-des-
Prés (c 4) • www.assouline.com

Delamain   ▶ S. 138, C 8

Ein Laden mit langer Tradition. Wunderschöne alte und neue Bildbände.
Palais Royal • 155, rue St-Honoré •
75001 • Métro: Tuileries (c 4) •
www.librairie-delamain.com

FNAC-Forum, FNAC Ternes und FNAC-Montparnasse

Kein Buch, keine CD, die es in diesen
Supermärkten für Literatur und an-
dere Medien nicht gäbe.
www.fnac.com
– Les Halles • Forum des Halles •
75001 • Métro: Châtelet Les Halles
(d 4)   ▶ S. 139, E 8
– Etoile • 26, av. des Ternes • 75017 •
Métro: Wagram (b 2)   ▶ S. 137, E/F2
– Montparnasse • 136, rue de
Rennes • 75006 • Métro: Rennes (c 4),
St-Placide (c 5)   ▶ S. 144, C 18

Galignani   ▶ S. 138, C 8

Seit 1802. Die erste englischsprachige Buchhandlung auf dem Kon-
tinent. Belletristik, Kunst, Mode.
Louvre • 224, rue de Rivoli • 75001 •
Métro: Tuileries (c 4) • www.galignani.
com

La Hune   ▶ S. 145, D 17

Kunstbuchhandlung. Eine Institution. Bis Mitternacht geöffnet.
St-Germain • 170, bd. St-Germain •
75006 • Métro: St-Germain-des-
Prés (c 4)

Gibert Jeune ▶ S. 145, E 17

Im Uni-Viertel. Allgemeine und Fachliteratur, außerdem Second-hand-Bücher und Schreibwaren.
Quartier Latin • 5, pl. St-Michel • 75006 • Métro: St-Michel (d 4) • www.gibertjeune.fr

Marissal ▶ S. 139, E 8

Auf deutsche Literatur spezialisierte Buchhandlung neben dem Centre Pompidou.
Beaubourg • 42, rue Rambuteau • 75003 • Métro: Les Halles (d 4) • www.marissal.com

Shakespeare and Company
▶ S. 145, F 18

Vor dem Zweiten Weltkrieg war die Buchhandlung von Sylvia Beach das literarische Zentrum für amerikanische Autoren. 1941 wurde sie von den deutschen Besatzern geschlossen. Die Neugründung erfolgte 1964. Noch immer ist die Buchhandlung eine Institution. Bei einer Tasse Tee kann man die über 50 000 englischen Werke durchstöbern.
Quartier Latin • 37, rue de la Bûcherie • 75005 • Métro: Maubert-Mutualité (d 4) • www.shakespeare co.org

DELIKATESSEN

Fauchon ▶ S. 138, C 7

Die legendäre Feinkosthandlung bietet eine spektakuläre Auswahl delikatester Gaumenfreuden in einem üppig dekorierten Rahmen. Außerdem: eine Geschenk-Boutique, Restaurant und Café.
Madeleine • 26, 28 und 30, pl. de la Madeleine • 75008 • Métro: Madeleine (c 3) • www.fauchon.com

Hédiard ▶ S. 138, C 7

Bereits seit 1854 beliefert dieses distinguierte Feinkostgeschäft voller

Im Marais kommen Antiquitäten-Liebhaber voll auf ihre Kosten. Hier gibt es ein ganzes Antiquitäten-Dorf, das Village Saint-Paul (▶ S. 34).

luxuriöser und köstlicher Leckereien aus der ganzen Welt die anspruchsvollsten Häuser von Paris.
Madeleine • 21, pl. de la Madeleine • 75008 • Métro: Madeleine (c 3) • www.hediard.fr

Huilerie Artisanale J. Leblanc
▸ S. 145, D 17

Seit Generationen produziert Familie Leblanc aus dem Burgund verschiedene Nuss- und Olivenöle in feinster Qualität. Auch Essig und Senf.
St-Germain • 6, rue Jacob • 75006 • Métro: St-Germain-des-Prés (c4)

Israël
▸ S. 146, A 21

Dieser Gewürzladen ist legendär! Es gibt Unmengen an exotischen Kräutern, Trockenfrüchten und internationalen Spirituosen. So mancher kommt nur, um die Aromen zu schnuppern.

Marais • 30, rue François-Miron • 75004 • Métro: St-Paul (d 4)

La Maison de l'Escargot
▸ S. 143, F 14

Schnecken, nichts als Schnecken. Die frischesten und besten der Stadt.
Grenelle • 19, rue Fondary • 75015 • Métro: Avenue Emile Zola (b 5) • www.maison-escargot.com

Maison de la Truffe   ▸ S. 138, C 7

Trüffel aus dem Périgord, Italien … und eine köstliche Gänseleberpastete.
Madeleine • 19, pl. de la Madeleine • 75008 • Métro: Madeleine (c 3)

Petrossian   ▸ S. 144, A 17

Das Feinkostgeschäft führte russischen Kaviar in den 20er-Jahren in Paris ein. Er gilt als der beste der Stadt.
Invalides • 18, bd. de la Tour Maubourg • 75007 • Métro: La Tour Maubourg (b 4)

Im schicken Konzeptladen Colette (▸ S. 38) gibt es angesagte Musik, Kleidung oder Wohnaccessoires. Ein Muss für Trendsetter!

Roland Barthélemy   ▶ S. 144, C 17

Käse-Meister Barthélemy versteht sein Handwerk perfekt. Für Reisende sucht er Käse so aus und verpackt ihn entsprechend fachgerecht, dass er zu Hause erst richtig gut schmeckt.
St-Germain • 51, rue de Grenelle • 75007 • Métro: Rue du Bac (c 4) • im Aug. geschl.

DESIGN/DEKORATION

Christian Liaigre   ▶ S. 144, C 17

Die Möbel-Kreationen des Pariser Meisters sind höchst gefragt. Liaigre bevorzugt klare Linien und arbeitet vorwiegend mit Holz und Leder. Inneneinrichter der Häuser von Karl Lagerfeld und Kenzo und des exquisiten Hotel Montalembert.
St-Germain • 42, rue du Bac • 75007 • Métro: Rue du Bac (c4) • www.christian-liaigre.fr

Dehillerin   ▶ S. 139, E 8

Dieses altmodisch anmutende Geschäft von 1820 ist ein wahres Dorado für Hobby- und Profiköche: Von der kupfernen Kanne bis zu außergewöhnlichen Bestecken findet sich alles, was Küchenkünstler brauchen.
Les Halles • 18–20, rue Coquillière • 75001 • Métro: Les Halles (d 4) • www.e-dehillerin.fr

Lagerfeld Gallery   ▶ S. 145, D17

Frankreichs berühmte Innenarchitektin Andrée Putman hat »König Karl« geholfen, seinen stylishen Laden zu designen. Bücher mit seinen Fotografien, Skizzen und das ein oder andere modische Accessoire sind zu erwerben, auf einem großen runden Tisch liegen auch die neuesten Publikationen über Mode und Kunst aus. Man kann sich in Ruhe umsehen.

St-Germain • 40, rue de Seine • 75006 • Métro: Odéon (c 4)

Muji   ▶ S. 146, A 21

Der Japaner bietet Schönes für Küche, Bad und Büro. Auch Kleidung.
Marais • 47, rue des Francs Bourgeois • 75004 • Métro: St-Paul (d 4) • www.muji.fr

Pierre Frey   ▶ S. 139, E 8

Einer der großen französischen Inneneinrichter. In neuen Räumlichkeiten präsentiert er Geschirr, Tischwäsche, Lampen, Stoffe.
Les Halles • 27, rue du Mail • 75002 • Métro: Sentier (d 3) • www.pierrefrey.com

DRUGSTORE

Publicisdrugstore   ▶ S. 137, F 3

Am oberen Ende der Champs-Élysées gelegen, ganz nahe des Triumphbogens: In diesem großen gläsernen Store gibt es Bars, Cafés, Restaurants, Shops. Große Auswahl an Magazinen und Zeitungen.
Champs-Élysées • 133, av. des Champs-Élysées • 75008 • Métro: Charles de Gaulle/Étoile (b3) • tgl. bis 2 Uhr • www.publicisdrugstore.com

GESCHENKE

The Conran Shop   ▶ S. 144, C 17

Der Brite Terence Conran begeistert Paris mit Möbeln, Wäsche, Küchenzubehör, Papierwaren etc.
St-Germain • Galerie de la Madeleine • 117, rue du Bac • 75007 • Métro: Sèvres-Babylone (c 4)

KAUFHÄUSER

Au Bon Marché ❦   ▶ S. 144, C 18

Einziges Kaufhaus auf dem linken Seine-Ufer und Lieblings-Store vieler Pariser. Die Auswahl an Schuhen,

Kleidern, Wäsche, Geschirr ist gigantisch. Die »Grande Épicerie« ist das größte Feinkostgeschäft von Paris.
St-Germain • 38, rue de Sèvres • 75007 • Métro: Sèvres-Babylone (c 4) • www.lebonmarche.fr

Galeries Lafayette ▶ S. 139, D 7

Eleganter Einkaufstempel, der mit Designermode aufwartet. Die gigantische Parfumabteilung betört durch mannigfaltige Wohlgerüche. Es gibt auch viel Schönes für Haus und Garten. Achten Sie auf die wunderbare Glaskuppel. Große Dachterrasse.
Opéra • 40, bd. Haussmann • 75008 • Métro: Chaussée d'Antin (c 3) • www.galerieslafayette.com

Le Printemps ▶ S. 138, C 7

Modernes Luxuskaufhaus. Man kann sich im Salon des Starfriseurs Jean-Louis David stylen lassen und danach in der **Brasserie Flo** essen.
Opéra • 64, bd. Haussmann • 75008 • Métro: Havre-Caumartin (c 3) • www.printemps.com

Tati ▶ S. 139, E/F 6

Früher war der Laden ein typisches Billigkaufhaus, doch inzwischen ist er auch bei Schnäppchenjägern beliebt.
Montmartre • 5, rue Belhomme • 75018 • Métro: Barbès Rochechouart (d 2) • www.tati.fr

KONZEPTLÄDEN

Colette ▶ S. 138, C 8

Shop mit Kult-Status. Angesagte Musik, Magazine, Bücher, Kosmetik aus USA, Wohnaccessoires, trendy Kleider. Außerdem: gestyltes Café, Cocktails, kleine Gerichte.
Tuileries • 213, rue St-Honoré • 75001 • Métro: Tuileries (c 4) • www.colette.fr

Le 66 ▶ S. 137, F 3

Hip. Originell konzipiertes Kaufhaus im Industrieloft-Stil. Große Marken und vielversprechende Jungdesigner.
Champs-Élysées • 66, av. des Champs-Élysées • 75008 • Métro: George V (b 3)

Marc by Marc Jacobs ▶ S. 139, D 8

Ganz schnell ist die neue Boutique des berühmten Designers Pilgerstätte für Fashion-Freaks geworden: Prêt-à-porter, Schuhe, Accessoires (zu bezahlbaren Preisen).
Palais Royal • 19, pl. du Marché-Saint-Honoré • 75001 • Métro: Pyramides (c 3/c 4)

Merci ▶ S. 146, B 21

Neueste Pariser Shopping-Sensation. Einzigartige Auswahl unter einem großen Loft-Dach: Mode, Schmuck, Kurzwaren, Parfum, Möbel. Restaurant und Café. Super Konzept: Der gesamte Gewinn geht an Charity-Projekte.
Bastille • 111, bd Beaumarchais • 75003 • Métro: St-Sébastien Froissart (e 4) • www.merci-merci.com

KOSMETIK/PARFUMS/WELLNESS

Guerlain ▶ S. 138, A 7

Die traumhaftesten Düfte seit 1828. Guerlain verkauft seine Produkte nur in seinen fünf eigenen Häusern.
Champs-Élysées • 68, av. des Champs-Élysées • 75008 • Métro: Franklin D. Roosevelt (b 3) • www.guerlain.com

Shiseido ▶ S. 139, D 8

Wellness vom Feinsten: In diesem Reich der Sinne wird Ihr Wohlfühlbedürfnis gestillt.
Palais Royal • Les Salons du Palais Royal Shiseido, 25, rue de Valois •

Traditionskaufhaus Le Printemps (▶ S. 38): Seit Generationen erfüllen sich die Pariser hier ihre Kaufwünsche. Neben Mode gibt es auch Accessoires und Innendekor.

75001 • Métro: Palais Royal (c 4) •
www.salons-shiseido.com

KÜNSTLERBEDARF
Sennelier ▶ S. 145, D 17

In diesem Laden geraten Künstler in Kaufrausch: Hier gibt es seltene Pigmente, erstklassige Ölfarben, Leinwände, Pinsel etc. Auch Picasso und Kollegen haben sich hier schon eingedeckt.
St-Germain • 3, quai Voltaire • 75007 •
Métro: St-Germain-des-Prés (c 4) •
www.magasinsennelier.com

MÄRKTE UND FLOHMÄRKTE

Insgesamt gibt es 70 Marktstraßen und Markthallen in Paris. Die überdachten Märkte sind Di–Sa von 8–13 und 16–19.30 Uhr geöffnet, sonntags 8–13 Uhr. Die Öffnungszeiten der Märkte im Freien: 7–13.30 Uhr.

Marché d'Aligre ▶ S. 146, C 22

Einer der populärsten Märkte von Paris in einer denkmalgeschützten Halle. Lebensmittel und Trödel.
Bastille • Pl. d'Aligre • 75012 • Métro:
Ledru-Rollin (e 4) • Di–So

Hauchdünne Schokoladentaler, karamellisierte Mandeln, Pralinees – die Chocolaterie Debauve & Gallais (▸ S. 43) präsentiert süße Köstlichkeiten in stilvollem Ambiente.

Marché de Belleville ▸ S. 140, C 11

Ein großer, bunter Markt voller exotischer Früchte, Gewürze, Gemüse, Körner – und voller Menschen aus Marokko, Algerien und China.
Belleville • Bd. de Belleville • 75011 •
Métro: Belleville (e 3) • Di und Fr

Marché de Buci ▸ S. 145, D 17

Farbenfroher Obst- und Gemüsemarkt mitten in Saint-Germain.
St-Germain • Rue de Buci • 75006 •
Métro: Mabillon, Odéon (c 4)

Marché Daguerre ▸ S. 144, C 20

Sehr dörfliche Marktstraße im Herzen von Montparnasse.
Montparnasse • Rue Daguerre •
75014 • Métro: Denfert-Rochereau
(c 5)

**Marché aux Puces de
Montreuil** 👯 ▸ S. 147, F 21

Bunter, weitläufiger Flohmarkt mit viel Krimskrams.

Menilmentant • Porte de Montreuil •
75020 • Métro: Porte de Montreuil
(f 4) • Sa, So und Mo vormittags

Marché Saint-Pierre ▸ S. 107, c 2

Einzigartiger Stoffmarkt am Fuße des Montmartre. Auch Litzen, Bordüren und Knöpfe. Eine wahre Fundgrube für Hobby-Schneider.
Pigalle • Rue de Steinkerque • 75018 •
Métro: Anvers (d 2) • Di–Sa 9.30–
18.30, Mo 13.30–18.30 Uhr

MODE

Agnès B. ▸ S. 139, E 8

Der neue, heimliche Star der Pariser Modeszene. Auch Teenager- und Kindermode.
Les Halles • 4, rue du Jour • 75001 •
Métro: Les Halles (d 4) • www.agnesb.fr

Azzedine Alaïa ▸ S. 145, F 17

Der tunesische Modedesigner ist einer der ganz Großen der Branche. Er kleidet Madonna, Naomi Camp-

bell und Tina Turner in seine eng anliegenden schwarzen Stücke.
Marais • 7, rue de Moussy • 75004 • Métro: Hotel de Ville (d 4)

Chanel   ▶ S. 138, C 8

Erstmals präsentiert das berühmte Haus alle seine Produkte unter einem Dach. Einfach wunderschön.
Madeleine • 21, rue du Faubourg-St-Honoré • 75008 • Métro: Madeleine (c 3) • www.chanel.com

Comme des Garçons   ▶ S. 138, B 7

Dieser Laden präsentiert viel schwarzen Chic in coolem Rahmen.
Opéra • 54, rue du Faubourg-St-Honoré • 75008 • Métro: Madeleine (c 3) • www.commedesgarcons.org

Didier Ludot   ▶ S. 139, D 8

Exquisite Vintage-Haute-Couture-Boutique in wunderschöner Umgebung, von den Zwanzigern aufwärts.
Palais Royal • 24, Galerie Montpensier • 75001 • Métro: Palais Royal (c 4) • www.didierludot.com

Gap Women   ▶ S. 144, C 18

Modisch-Sportliches, das besonders jungen Frauen gut steht.
St-Germain • 64, rue de Rennes • 75006 • Métro: St-Sulpice (c 4)

Hermès   ▶ S. 144, C 18

Seit Ende 2007 vergrößert und fantastisch neu dekoriert. Hermès steht für edelstes Leder und luxuriöse Accessoires. Die berühmteste Handtasche von Hèrmes heißt nach Grace Kelly heute noch »le Kelly«, und legendär sind auch die »carrés«, die begehrten Seidentücher. Das Traditionshaus hat jetzt den Sprung über die Seine auf das Linke Ufer gemacht und den ehemaligen Pool des legen-

dären Hotel Lutetia in ein betörend schönes Geschäft verwandelt: Krawatten und Tücher, aber auch Möbel und Tapeten. Und wenn das Budget nur für eine Tasse (Hermès) Tee auf dem Sprungbrett reicht!
St-Germain • 17, rue de Sèvres • 75006 • Métro: Sèvres-Babylone (c 4)

Kenzo   ▶ S. 145, E 17

Fans des japanischen Designers finden im Kenzo-Shop »La Bulle« auf sechs Etagen Mode und Accessoires.
Île de la Cité • 1, rue du Pont Neuf • 75001 • Métro: Pont Neuf (c 4) • www.kenzo.com

Maison Fabre   ▶ S. 139, D8

Wer einmal im Besitz eines Paars Handschuhe von Fabre war, wird sich immer wieder eins wünschen: Elegantes aus Leder in allen Farben.

MERIAN-Tipp   **3**

MARCHÉ AUX PUCES DE SAINT-OUEN 👫   ▶ S. 139, nördl. E 5

Kenner dieses größten Flohmarkts von Paris – auch kurz »Clignancourt« genannt – halten sich nicht bei den Billigständen an der Métrostation auf, sondern steuern die eigentlichen Puces in den kleinen Seitenstraßen an: Hier ist die Ware edel. Jugendstil und Art déco gibt es auf dem **Marché Serpette**, Möbel, Gläser und Leder auf dem **Marché Vernaison**; der **Marché Biron** hat Wäsche und Antiquitäten im Angebot.
Porte de Clignancourt • Rue des Roisiers • 75018 • Métro: Porte de Clignancourt (d 2) • Sa, So und Mo 5–16 Uhr

Palais Royal • 128, Galerie de Valois • 75001 • Métro: Palais Royal (c4)

Isabel Marant   ▶ S. 146, B 21

Die junge Designerin ist mit ihrem Ethno-Stil erfolgreich geworden. Ihre hochwertigen weiten Kleider und bestickten Tuniken sind nicht zu teuer und bei den Pariserinnen sehr begehrt.
Bastille • 16, rue de Charonne • 75011 • Métro: Ledru-Rollin (e 4)

Sonia Rykiel   ▶ S. 144, C 17

Gestricktes aus Wolle und Jersey von der »Königin des Strick«. Tolle Muster und Farben. Neue Räume!
St-Germain • 175, bd. St-Germain • 75006 • Metro: St-Germain-des-Prés (c 4) • www.soniarykiel.com

Saint-Laurent   ▶ S. 138, B 7

Mit dem 2008 verstorbenen Yves Saint-Laurent verlor Paris einen der ganz Großen der Haute Couture.
Champs-Élysées • 32–38, rue du Faubourg St-Honoré • 75008 • Metro: Concorde (c 4)

WUSSTEN SIE, DASS …

… der Pariser Couturier Yves Saint-Laurent 2009 mit 350 Millionen Dollar der weltweit bestverdienende Verstorbene war, weil seine Kunstsammlung bei einer weltweit beachteten Auktion aufgelöst wurde.

Uniqlo   ▶ S. 139, D 7

Der Japaner – kürzlich noch Beraterin: Jil Sander – hat gerade seinen ersten Laden in Paris eröffnet. Klare, sachliche Schnitte, sehr fein und dennoch bezahlbar. Puristisches Interieur auf mehreren Etagen.

Opéra • 15, rue Scribe • 75009 • Métro: Chaussée d'Antin (c 3) • www.uniqlo.com

Yohji Yamamoto   ▶ S. 138, C 8

Japanische Ästhetik über drei Stockwerke. Viel Schwarz. Ein Must: die weiße Bluse.
Concorde • 4, rue Cambon • 75001 • Métro: Concorde (c 4)

Zadig & Voltaire   ▶ S. 146, A 21

Angesagt. Lässige Streetwear. Auch Accessoires und Düfte.
Marais • 42, rue des Francs Bourgeois • 75003 • Métro: St-Paul (d 4) • www.zadig-et-voltaire.com

MODE IM AUSVERKAUF

»Soldes permanents« sind Dauerausverkäufe. »Stocks dégriffés« gibt es in Geschäften, die Produkte von Modemachern ohne Etikett, »griffe«, verkaufen. Oder mit »griffe«, aber aus der Vorjahreskollektion.

Cacharel Stock   ▶ S. 144, C 20

Höchst interessante Angebote für Damen, Herren und Kids des französischen Modelabels.
Montparnasse • 114, rue d'Alésia • 75014 • Métro: Alésia (c 5)

SCHMUCK

Warten Sie die Dämmerung ab: Manchmal genügt ja schon der Blick ins Schaufenster auf die kostbarsten Geschmeide der Welt an einem der schönsten Plätze von Paris gleich gegenüber einem der grandiosesten Hotels der Stadt, dem Ritz: Juweliere wie Boucheron oder Van Cleef & Arpels siedeln rund um die wunderschöne Place Vendôme, das berühmte Schmuckhaus Cartier in der nahen Rue de la Paix.

SCHOKOLADE/SÜSSES
Christian Constant   ▶ S. 145, D 18
Feinste Pralinen, Konfitüren.
Quartier Latin • 37, rue d'Assas •
75006 • Métro: St-Placide (c 5)

Debauve & Gallais   ▶ S. 144, C 17
Charmanter, kleiner alter Laden.
Hier gibt's die berühmten »dragées«,
die mit gefärbtem Zuckerguss über-
zogenen Mandeln, die sich die Franzosen als Glücksbringer schenken.
St-Germain • 30, rue des Sts-Pères •
75007 • Métro: Rue du Bac (c 4)

La Maison du Chocolat
▶ S. 138, A 8
Alle pilgern sie in diesen süßen Lu-
xustempel. Ganz Paris trinkt hier an
der Bar seine heiße Schokolade.
Champs-Élysées • 52, rue Fran-
çois 1er • 75008 • Métro: Franklin
D. Roosevelt (b 3)

Pierre Hermé   ▶ S. 145, D 18
Der Star unter den Pariser Patissiers.
Im feinen Hotel Royal Monceau
zeichnet er für das üppige Frühstück und die köstlichen Desserts in
den beiden hoteleigenen Restaurants
verantwortlich. Das süße Angebot in
seinen einzigartig schön gestalteten
Läden ist vielfältig – von Teegebäck
bis zu Pralinen – und bietet sich auch
als Mitbringsel an. Einer der Läden:
Saint-Germain • 72, rue Bonaparte •
75006 • Métro: St-Sulpice (c 4)

SCHUHE
Christian Louboutin   ▶ S. 139, E 8
Ja, es ist der mit der roten Schuh-
sohle. Die hat ihn berühmt und seine
Kreationen begehrt gemacht.
Palais Royal • 19, rue Jean-Jacques
Rousseau • 75001 •Métro: Palais
Royal (c 4)

Repetto   ▶ S. 139, D 7
Die schönsten Ballerinas von Paris!
Auch das legendäre Brigitte-Bardot-
Modell »Saint-Trop«.
Opéra • 22, rue de la Paix • 75002 •
Métro: Opéra (c 3)

Roger Vivier   ▶ S. 138, B 7
Eine Legende. Erfinder des Stilettos.
Traumhafte Modelle. Auch Vintage.
Madeleine • 29, rue du Faubourg
St-Honoré • 75008 • Métro: Made-
leine (c 3)

WÄSCHE/DESSOUS
Chantal Thomass   ▶ S. 138, C 8
Französischer geht es nicht! Verführerische Negligés, traumhafte sei-
dene Dessous.
Tuileries • 211, rue St-Honoré •
75001 • Métro: Tuileries (c4)

Eres   ▶ S. 138, C 7
Bezaubernde Dessous in aquarell-
farbenen Tönen oder glamourösem
Schwarz. Schöne Badeanzüge.
Madeleine • 2, rue Tronchet • 75008 •
Métro: Madeleine (c 3)

WEINE/SPIRITUOSEN
Caves Augé   ▶ S. 138, B 7
Großes, renommiertes Haus mit langer Tradition. Schon Marcel Proust
ging hier ein und aus. Spezialisiert
auf besten Wein, Cognac, Armagnac.
Gare St-Lazare • 116, bd. Haussmann •
75008 • Métro: St-Augustin (c 3)

Caves Taillevent   ▶ S. 138, A 7
Vom Landwein bis zum Grand Cru.
Gut sortiert, fachlich versierte Bera-
tung durch einen Sommelier.
Champs-Élysées • 199, rue du
Faubourg St-Honoré • 75008 •
Métro: St-Philippe-du-Roule (b 3) •
www.taillevent.com

Am Abend Revue, Kabarett, In-Lokale, Szene-
Bars und Nachtclubs: Paris pflegt seinen Ruf als Mekka
für Nachtschwärmer und wird dabei mühelos allen Erwar-
tungen gerecht.

◄ In Menilmontant im Pariser Osten entwickelt sich ein junges Szeneviertel mit In-Clubs und coolen Bars.

Abend für Abend füllen sich die Boulevards und Straßen von Saint-Germain, dem Quartier Latin und im Viertel Montparnasse mit pulsierendem Leben; im Marais und den beiden Straßen **Rue Oberkampf** und **Rue de Lappe** im Bastille-Viertel als auch im östlichen Belleville locken In-Lokale und Szene-Discos, auf dem Montmartre heizen hübsche Girls das Publikum an, und auf den Champs-Élysées will der Strom der Flaneure gar nicht abreißen. Die billigste – aber sehr pariserische – Art, am abendlichen Schau-Spiel der Glitzermetropole teilzunehmen, ist, sich auf einer der unzähligen Kaffeehausterrassen niederzulassen, zu schauen, zu plaudern und zu staunen. Und das Kleine Schwarze kann man hier auch ganz gut vorführen.

BARS

Bar Lutetia ▶ S. 144, C 17

Diese elegante Piano-Bar (Livejazz) des Hotelpalastes Lutetia am linken Seine-Ufer ist eins der schönstes Art-déco-Zeugnisse von Paris und war schon für Picasso und Josephine Baker ein absoluter Anziehungspunkt. Ein angenehmer Ort für einen Aperitif oder den Absacker nach dem Dîner.
St-Germain • 45, bd. Raspail • 75006 • Métro: Sèvres-Babylone (c 4) • www.lutetia-paris.com • tgl. 18–1 Uhr

Bar du Plaza Athénée
▶ S. 138, A 8

Der lange Tresen und das hohe Gestühl leuchten in einem klirrenden Eisblau. Hier gönnen sich die Models und Filmstars nach dem Shoppen bei Chanel und Dior in der edlen Avenue Montaigne einen Drink. Kaum ein Ort verkörpert das mondäne Paris so sehr wie diese »American Bar« des noblen Athénée.
Champs-Élysées • 25, av. Montaigne • 75008 (b 3) • Métro: Franklin D. Roosevelt (b 3) • www.plaza-athenee-paris.com/the-bar • tgl. 11–1.30 Uhr

Buddha Bar ▶ S. 138, B 8

Treff der Schönen und Schicken aus dem Quartier rund um den Präsidentenpalast und das noble Hotel Crillon. Man beginnt mit einem Drink an der Bar und kann anschließend im Restaurant dinieren. Oder andersrum.
Concorde • 8, rue Boissy d'Anglas • 75008 • Métro: Concorde (c 4) • www.buddha-bar.com • tgl. 18–2 Uhr

Closerie des Lilas ▶ S. 145, D 19

Hemingway, der an der Bar dieses legendären Café-Restaurants in Montparnasse seinen Stammplatz hatte, soll hier die Idee zu seinem Buch »Paris – ein Fest für's Leben« entwickelt haben. Die besonders beliebte Piano-Bar ist immer noch Anziehungspunkt für viele Künstler und Intellektuelle.
Montparnasse • 171, bd. du Montparnasse • 75006 • RER: Port Royal (d 5) • www.closeriedeslilas.fr • tgl. 11–1.30 Uhr

L'Eclaireur ▶ S. 138, C 8

Neuester In-Treff. Das Interieur: eine Hommage an den Mailänder Designer Piero Fornasetti. Originell. Schick.
Concorde • 10, rue Boissy d'Anglois • 75008 • Métro: Concorde (c 4) • www.lecleaireur.com

La Mezzanine de l'Alcazar
▶ S. 145, D 17

Angesagter Treff. In den ehemaligen Räumlichkeiten des berühmten Varieté-Theaters in Saint-Germain sorgen die besten DJs der Stadt für Partystimmung. Cocktails, kleine Gerichte, schick.
St-Germain • 62, rue Mazarine • 75006 • Métro: Odéon (d 4) • www.alcazar.fr • Mi–Sa bis 2 Uhr morgens

La Palette
▶ S. 145, D 17

Die Académie des Beaux Arts, die Kunstakademie, ist nicht weit. Wer hier studiert oder lehrt, geht nicht nach Hause, ohne an der Bar dieses von morgens bis abends hoch frequentierten Terrassencafés noch schnell einen »ballon de rouge« zu kippen. Wenn alljährlich im November der Beaujolais Nouveau ausgeschenkt wird, droht in der Palette das Chaos auszubrechen.

St-Germain • 43, rue de Seine • 75006 • Métro: St-Germain-des-Prés (c 4) • Mo–Sa bis 2 Uhr

DISKOTHEKEN UND NACHTCLUBS

In Paris beginnt das Nachtleben spät und hat seine eigenen Regeln. Bis Mitternacht herrscht in den Szenelokalen, den »boîtes«, die bis in die frühen Morgenstunden geöffnet haben, gähnende Leere. Wenn sie »ihren« Club gegen ein, zwei Uhr morgens stürmen, haben die »nuitards«, die Nachtschwärmer, einen »circuit«, einen Zug durch ganz bestimmte Kneipen, schon hinter sich. »À la mode« jedenfalls ist, an bestimmten Tagen in bestimmte Discos zu gehen: Den Erfolg eines neuen In-Platzes bestimmen die »branchés«, jene, die wissen und sagen, wo's langgeht. Sobald sie einen Platz in Mode gebracht haben, ziehen sie weiter. Fast alle Lokale sind mit einem Türsteher versehen. Die

In indischem Ambiente werden in der schicken Buddha Bar (▶ S. 45) nahe der Place de la Concorde kreative Cocktails serviert.

besten »boîtes«-Tage sind Montag, Mittwoch, Donnerstag und Sonntag. In Paris erfreuen sich die Jazz-Clubs wieder zunehmender Beliebtheit, und auch das französische Chanson erlebt ein Revival.

Le Balajo   ▸ S. 146, B 21

Wenn die Bastille-Oper ihre Tore schließt, zieht es viele noch in die umliegenden Straßen mit ihren Bars und Kneipen. In der kleinen Rue de Lappe befindet sich der letzte Musette-Tanzpalast von Paris, 1936 gegründet: Im Balajo, das zugleich auch Disco ist, wird wie zu Edith Piafs und Arlettys Zeiten noch nach Akkordeonklängen »valse musette« getanzt und zum Cha-Cha-Cha aufgefordert, aber es gibt auch Rock 'n' Roll, Rap und Oldies der 60er- und 70er-Jahre.
Bastille • 9, rue de Lappe • 75011 • Métro: Bastille (e 4) • www.balajo.fr

Le Baron   ▸ S. 137, F 3

The hottest spot in town. Disco und Bar, an der viel Prominenz beim Cocktail das Leben genießt.
Étoile • 6, av. Marceau • 75008 • Métro: Charles de Gaulle-Etoile (b 3)

Le Batofar   ▸ S. 146, C 24

Das ehemalige Feuerschiff liegt zu Füßen der Nationalbibliothek und zieht als Discoschiff regelmäßig die Party-Szene an.
Gare d'Austerlitz • Gegenüber 11, quai François Mauriac • 75013 • Métro: Quai de la Gare (e 5) • www.batofar.org • Di–Sa 22–6 Uhr

La Bellevilloise   ▸ S. 141, D 12

Der Hit im Pariser Osten. Restaurant, Bar und Ausstellungsraum. Szene.
Belleville • 19, rue Boyer • 75020 • Métro: Gambetta (f 3) • www.la

bellevilloise.com • Mi, Do, Fr 18–1, Sa 11–2, So 11–23 Uhr

Le Caveau des Oubliettes
▸ S. 145, E 18

Traditioneller Studententreff: Blues Jam, Pop Rock Jam, Jazz- und Groove Jam, französische Chansons.
Quartier Latin • 52, rue Galande • 75005 • Métro: St-Michel (d 4) • www.caveaudesoubliettes.fr • Mo–Sa 21–2 Uhr

La Chapelle des Lombards
▸ S. 146, B 21

Eine Institution im Szene-Viertel. Hier spielen oft lateinamerikanische Bands. Afrojazz. World Music.
Bastille • 19, rue de Lappe • 75011 • Métro: Bastille (d/e 4) • Di–So 23.30–6 Uhr

Le Divan du Monde   ▸ S. 139, D/E 6

Hierher kam schon Toulouse-Lautrec, um seinen Absinth zu trinken. Hip-Hop. Electro.
Pigalle/Montmartre • 75, rue des Martyrs • 75018 • Métro: Anvers (d 2), Pigalle (c 2) • www.divandumonde.com

La Flèche d'Or   ▸ S. 147, E 21

Nächtlicher Treff in einem umgebauten Bahnhof. Bar, Disco, Jazz.
Belleville • 102 bis, rue de Bagnolet • 75020 • Métro: Alexandre Dumas (e 4) • www.flechedor.fr • tgl. ab 20.45 Uhr

Le Folie's Pigalle   ▸ S. 139, D 6

Total angesagter Musiktempel in einem ehemaligen Striplokal. British Asian-Music, Electro, House.
Pigalle/Montmartre • 11, pl. Pigalle • 75008 • Métro: Pigalle (d 1) • www.lefoliespigalle.com

Wenn anderswo die Lichter ausgehen, sind die »nuitards«, die Pariser Nachtschwärmer, noch lange nicht müde und vergnügen sich in Bars und Cafés bis zum frühen Morgen.

La Fourmi   ▶ S. 139, E 6

Die angesagte »Ameise« liegt gleich gegenüber dem ebenso angesagten Konzertsaal Divan du Monde. Naheliegend, den Abend am langen Tresen dieses Clubs zu beginnen, vielleicht noch eine Kleinigkeit zu essen (einfache, aber schmackhafte Küche) und zu späterer Stunde dann: Party in der Disco.
Pigalle • 74, rue des Martyrs • 75018 • Métro: Pigalle (c 2) • Mo–Do, So 20.30–2, Fr, Sa bis 4 Uhr

Montana   ▶ S. 145, D 17

Legendärer 70er-Jahre-Nachtclub, in dem bereits Catherine Deneuve und Alain Delon tanzten. 2009 wiedereröffnet! Pilgerstätte der Schicken und Schönen, allen voran Kate Moss. Achtung: Türsteher.
St-Germain • 28, rue St-Benoit • 75006 • Métro: St-Germain (c 4)

Panic Room   ▶ S. 146, B 21

Ein neuer Anziehungspunkt. Oben die Bar, unten Rock live und Disco.

Bastille • 101, rue Amelot • 75011 •
Métro: St-Sébastian-Froissart (d/e 4) •
Di–Sa 18.30–2 Uhr

Rex Club ▶ S. 139, E 7

Angesagte Anlaufstelle speziell für
Fans von elektronischer Musik.
Grands Boulevards • 5, bd. Poisson-
niere • 75002 • Métro: Bonne Nou-
velle (d 3) • Mi–Sa 23–6 Uhr •
www.rexclub.com

Le Wagg ▶ S. 145, D 17

In diesem Keller siedelte einst das
berühmte Whisky à Gogo. Funk,
House wird gespielt. Am Sonntag-
nachmittag gibt es Salsa, von 15 bis
17 Uhr für Anfänger sogar mit Tanz-
unterricht.
St-Germain • 62, rue Mazarine •
75006 • Métro: Odéon (c 4) •
www.wagg.fr • Fr, Sa 23–6 Uhr

JAZZ
Le Caveau de la Huchette
▶ S. 145, E 17

Dieses Kellergewölbe am linken Ufer
der Seine ist seit den 50er-Jahren
eine Pilgerstätte für die Liebhaber
des Jazz. Lionel Hampton, Panama
Francis und viele andere Größen
des Jazz sind hier schon aufgetreten.
Schwerpunkt: New Orleans.
Quartier Latin • 5, rue de la Huchette •
75005 • Métro: St-Michel (d 4) •
www.caveaudelahuchette.fr • Sa–Do
21.30–2.30, Fr bis 3.30, Sa bis 4 Uhr

New Morning ▶ S. 139, F 7

Hier haben schon alle Großen des
Jazz gespielt. Für Jazzfans die beste
Adresse von Paris.
Gare de L'Est • 7, rue des Petites Écu-
ries • 75010 • Métro: Château d'Eau
(d 3) • www.newmorning.com • tgl. ab
21.30 Uhr

Le Petit Journal Montparnasse
▶ S. 144, B 19

Die Anziehungskraft dieses Kellers ist
ungebrochen groß. Auch Brasserie.
Montparnasse • 13, rue du Comman-
dant-René-Mouchotte • 75014 •
Métro: Gaité (c 5) • http://petitjournal
montparnasse.com • Mo–Sa ab 22 Uhr

Sunside ▶ S. 145, E/F 17

Schicker Jazzclub im Hallenviertel.
Châtelet • 60, rue des Lombards •
75001 • Métro: Châtelet (d 4) •
www.sunset-sunside.com

KINO
Cinémathèque Française
▶ S. 146, C 23

Das wohl bedeutendste Filmmuseum
der Welt! 40 000 Filme sind hier
archiviert. Ein Tipp für Cinéasten.
Bercy • 51, rue Bercy • 75012 • Métro:
Bercy (e 5) • Tel. 01/71 19 33 33 •
www.cinemathequefrancaise.com

L'Entrepôt ▶ S. 144, B 20

Anspruchsvolle Filme, Restaurant,
Bar, Café, Bücher.
Montparnasse • 7–9, rue Francis-
de-Pressensé • 75014 • Métro:
Pernety (c 5) • Tel. 01/45 40 07 50 •
www.lentrepot.fr

Forum des Images ▶ S. 139, E 8

Paradies für Filmnarren und Paris-
Fans. Spiel- und Dokumentarfilme
über Paris. Alte Wochenschauen.
Les Halles • 2, Grande Galerie, Forum,
Porte St-Eustache • 75001 • Métro:
Les Halles (d 4) • Tel. 01/44 76 62 00 •
www.forumdesimages.net • Di–Sa
12.30–21 Uhr

La Géode ▶ S. 141, nördl. D 9

Das futuristisch anmutende Kino –
36 m Durchmesser – im Wissen-

MERIAN-Tipp

OPÉRA GARNIER ▶ S. 139, D 7

Das wunderschöne Gebäude aus der Belle Époque mit dem prächtigen Foyer wurde 1875 eingeweiht. Seit Bestehen der Bastille-Oper wird hier, im »Palais de la Danse«, nur Ballett gezeigt, doch neuerdings überrascht das Garnier-Programm wieder mit der ein oder anderen Opern-Aufführung. Erstmals in der Geschichte des Hauses hat gerade ein sehr schickes Restaurant eröffnet, und die neue »Ballet boutique« ist einen Besuch unbedingt wert.
Opéra • Pl. de l'Opéra • 75011 • Métro: Opéra (c 3) • Tel. 08/92 89 90 90 • www.operadeparis.fr

schaftspark von La Villette (▶ S. 87) hat eine 1000 qm große Leinwand. Gezeigt werden vorwiegend Dokumentarfilme. Tel. vorbestellen.
Villette • Parc de la Villette • 75019 • Métro: Porte de Pantin, Porte de la Villette (e 2) • Tel. 08/92 68 45 40 • www.lageode.fr • Di–So 11–21 Uhr, Di und Do letzte Vorstellung 18 Uhr

Mk2 Bibliothèque ▶ S. 146, B/C 24

14 Leinwände, 3 Restaurants, 1 Bar – und der Kinokomplex wächst weiter.
Gare d'Austerlitz • 128–162, av. de France • 75013 • Métro: Bibliotheque F. Mitterrand (e 5) • www.mk2.com

KONZERTE

Von Mai bis September organisiert die Stadt klassische Konzerte in rund 20 Pariser Parks und öffentlichen Gärten, und sonntags gibt es in zahlreichen Kirchen Orgelkonzerte. Die Programme liegen in den jeweiligen Rathäusern oder Fremdenverkehrsämtern aus.

Olympia ▶ S. 138, C 7

Legendäre Rockbühne, älteste noch existierende Music Hall der Stadt.
Opéra • 28, bd. des Capucines • 75009 • Métro: Opéra (c 3) • Tel. 08/92 68 33 68 • www.olympiahall.com

Salle Gaveau ▶ S. 138, B 7

Der Konzertsaal, zwischen 1906 und 1907 erbaut, gehört zu den beliebtesten Pariser Stätten für Klavierkonzerte und Kammermusik.
Madeleine • 46, rue de la Boétie • 75008 • Métro: Miromesnil (c 3) • Tel. 01/49 53 05 07 • www.salle gaveau.com

WUSSTEN SIE, DASS …

… auf dem Dach der Opéra Garnier und auf dem Glasdach des Grand Palais Bienenstöcke stehen, deren reiche Honigernte eine begehrte Pariser Spezialität ist?

Salle Pleyel ▶ S. 137, F 3

Musikliebhabern in Paris ein Begriff. Der Konzertsaal wurde renoviert und ist so beliebt, weil seine Akustik von großer Qualität ist. Höchst abwechslungsreiches Programm, Auftritte internationaler Orchester.
Faubourg St-Honoré • 252, rue du Faubourg St-Honoré • 75008 • Métro: Ternes (b 3) • Tel. 01/42 56 13 13 • www.sallepleyel.fr

Théatre des Champs-Élysées
▶ S. 138, A 8

Stammsitz des Orchestre National de France und eins der bekanntes-

ten Konzerthäuser von Paris. Auch Spielstätte für Musiktheater. Aufführungen der Ballets Russes unter Nijinsky. Der Bau wurde von Henry van de Velde entworfen und zwischen 1911 und 1923 errichtet.
Champs-Élysées • 15, av. Montaigne • 75008 • Métro: Alma-Marceau (b 4) • Tel. 01/49 52 50 50 • www.theatre deschampselysees.fr

OPER UND BALLETT
Opéra de la Bastille ▶ S. 146, B 22
Der alte Bahnhof von Vincennes musste weichen, damit 1989, zur 200-Jahr-Feier des Sturms auf die Bastille, eine neue Volksoper entstehen konnte. Architekt des riesigen »Schlachtschiffs« ist Carlos Ott.
Bastille • Pl. de la Bastille • 75012 • Métro: Bastille (e 4) • Tel. 08/36 69 78 68 • www.operadeparis.fr

Opéra Comique ▶ S. 139, D 7
Hier finden hauptsächlich Konzerte und Theateraufführungen statt.
Les Halles • 5, rue Favart • 75002 • Métro: Richelieu-Drouot (d 3) • Tel. 08/25 00 00 58 • www.opera-comique.com

SHOWS UND KABARETT
Unter Amüsement in Paris verstehen vor allem Amerikaner, Japaner und Deutsche »Moulin Rouge« und »Crazy Horse«, gerüschte Unterröcke und bunte Federn, viel Busen und wirbelnde Beine. Fast alle Revuetheater bieten täglich eine Vorstellung gegen 20 Uhr mit Diner; die Nachtvorstellungen beginnen etwa um 22 Uhr. Dann wird nur Champagner ausgeschenkt, und es gibt kein Diner. Für Revue und Diner zahlt der Gast rund 140 €, für die Revue allein 90 bis 100 €.

Bouffes Parisiens ▶ S. 139, D 7
Der Komponist Jacques Offenbach war der Gründer dieses typischen Boulevardtheaters. Gespielt werden Operetten und zeitgenössische Komödien.
Bourse • 4, rue Monsigny (bei der Métrostation) • 75002 • Métro: Quatre Septembre (c 3) • Tel. 01/42 96 92 42 • www.bouffes parisiens.com

Folies Bergère ▶ S. 139, E 7
Um 1880 traten in diesem Variete-Theater Schlangenbeschwörer und Boxer auf. 1904 stand ein junger Mann auf der Bühne, 21 Jahre alt, namens Maurice Chevalier. Dann kam die Mistinguette, es folgte Josephine Baker und nach 1944 Charles Trenet. Nach längerer Schließung wurde das Theater 1993 wiedereröffnet. Freche Revuen.
Pigalle • 32, rue Richer • 75009 • Métro: Cadet (d 3) • Tel. 08/92 68 16 50 • www.foliesbergere.com

Au Lapin Agile ▶ S. 107, c 1
Ein authentisches Kabarett im ehemaligen Hauptquartier der Maler und Dichter auf dem Montmartre.
Montmartre • 22, rue des Saules • 75018 • Métro: Lamarck Caulaincourt (d 2) • Tel. 01/46 06 85 87 • www.au-lapin-agile.com

Le Lido ▶ S. 137, F 3
Technisch aufwendiges Spektakel mit tollen Lasereffekten.
Champs-Élysées • 116, Champs-Élysées • 75008 • Métro: George V (b 3) • Tel. 01/40 76 56 10 • www.lido.fr

Moulin Rouge ▶ S. 139, D 6
Eindrucksvolle Revue mit allerlei spektakulären Elementen, etwa mit

Pferden auf der Bühne, einem Aquarium mit Krokodilen und fliegenden Teppichen. Die Doriss-Girls glänzen mit French Cancan.
Montmartre • 82, bd. de Clichy • 75018 • Métro: Blanche (c 2) • Tel. 01/53 09 82 82 • www.moulin rouge.fr

La Nouvelle Eve ▸ S. 139, D 6

Hier wird eine ganz klassische Pariser Revue geboten. Viel Musik, viel Tanz. Und selbstverständlich darf der French Cancan nicht fehlen.
Pigalle • 25, rue Fontaine • 75009 • Métro: Blanche (c 2) • Tel. 01/48 74 69 25 • www.lanouvelleeveparis.com

Paradis Latin ▸ S. 145, F 18

Das ist Paris: Witz, Charme, Erotik. Dargeboten in einem ehemaligen Theater im Quartier Latin.

MERIAN-Tipp **5**

COMÉDIE FRANÇAISE
▸ S. 139, D 8

Wer die französischen Klassiker mag und der Landessprache nicht ganz unkundig ist, sollte sich unbedingt einen Abend in Frankreichs ältestem Nationaltheater gönnen! Im Foyer steht der Sessel Molières. Der Dichter leitete bis zu seinem Tod 1673 eine Gruppe von Schauspielern, die 1680 unter Louis XIV zur Staatsschauspielgruppe »Comédie Française« wurde.
Palais Royal • 2, rue de Richelieu • 75001 • Métro: Palais Royal (c 4) • Tel. 01/44 58 15 15 • www.comedie-francaise.fr

---

Quartier Latin • 28, rue du Cardinal-Lemoine • 75005 • Métro: Cardinal Lemoine (d 4) • Tel. 01/43 25 28 28 • www.paradis-latin.com

THEATER UND CAFÉ-THÉÂTRES
Cartoucherie de Vincennes
▸ S. 147, östl. F 23

Fünf unabhängige Experimentiertheater sind unter dem Dach dieses Hauses im Bois de Vincennes zusammengefasst, darunter das Théatre du Soleil, die preisgekrönte Kompanie der französischen Intendantin Ariane Mnouchkine. Eine Pilgerstätte für Liebhaber des anspruchsvollen, auch politischen Theaters. Snacks und Getränke.
Bois de Vincennes • Route du Champ de Manœuvre • 75012 • Métro: Château de Vincennes (f 5), von dort Shuttle bis Cartoucherie
– Théâtre de l'Aquarium: Tel. 01/43 74 99 61 • www.theatredel aquarium.com
– Théâtre du Chaudron: Tel. 01/43 28 97 04 • www.theatreduchaudron.fr
– Théâtre de l'Epée de Bois: Tel. 01/48 08 39 74 • www.epeedebois.com
– Théâtre du Soleil: Tel. 01/42 74 87 63 • www.theatre-du-soleil.fr
– Théâtre de la Tempête: Tel. 01/43 28 36 36 • www.la-tempete.fr

Odéon/Théâtre de l'Europe
▸ S. 145, E 18

Das staatlich subventionierte Odéon ist mit Georgio Strehlers Théâtre de l'Europe zu einer Bühne avanciert, die ein anspruchsvolles europäisches Theater mit zahlreichen fremdsprachigen Stücken präsentiert.
St-Germain • Pl. de l'Odéon • 75006 • Métro: Odéon (c 4) • Tel. 01/44 85 40 00 • www.theatre-odeon.fr

Théâtre des Bouffes du Nord
▸ S. 139, F 6

Peter Brook fing vor 30 Jahren auf »seiner« Pariser Experimentierbühne im Norden der Stadt an, und immer noch strömen die Brook-Fans voller Begeisterung in die dort stattfindenden Vorstellungen. Viel Shakespeare.
Montmartre • 37 bis, bd. de la Chapelle • 75010 • Métro: La Chapelle (d 2) • Tel. 01/46 07 34 50 • www.bouffesdunord.com

Théâtre du Chatelêt/ Musical de Paris
▸ S.145, E 17

Das schöne, erst kürzlich renovierte Haus im Second-Empire-Stil lockt ein breites Publikum mit vielfältigem Programm: Klavierabende, aber auch Variete und Tanztheater, Jazz, Chanson und komische Oper.
Châtelet • 1, pl. du Châtelet • 75001 • Métro: Châtelet (d 4) • Tel. 01/40 28 28 00 • www.chatelet-theatre.com

Théâtre de la Huchette
▸ S. 145, E 18

Seit 1957 wird in diesem Haus Ionescos absurder Klassiker »Die kahle Sängerin« aufgeführt.
Quartier Latin • 23, rue de la Huchette • 75005 • Métro: Cluny la Sorbonne (d 4) • Tel. 01/43 26 38 99 • www.theatrehuchette.com

Théâtre National de Chaillot
▸ S. 137, E 4

Jérome Savary, Initiator des fantastischen Grand Magic Circus, viel gelobt für seine extravaganten Regieeinfälle, machte dieses Haus berühmt. Es gibt drei Säle, das große Amphitheater umfasst 2800 Plätze. Auch viel Tanztheater.

Trocadéro • 1, pl. du Trocadéro • 75016 • Métro: Trocadéro (b 4) • Tel. 01/53 65 30 00 • www.theatre-chaillot.fr

Théâtre du Rond Point
▸ S. 138, A 7/8

Namen wie Jean-Louis Barrault und Madeleine Renault sind mit diesem Theater verbunden. Politisches Theater, zeitgenössische Stücke. Teesalon, Restaurant und Buchladen.
Champs-Élysées • 2 bis, av. Franklin Roosevelt • 75008 • Métro: Champs-Élysées (c 3) • Tel. 01/44 95 98 21 • www.theatredurondpoint.fr

Théâtre de la Ville
▸ S. 145 E 17

Eines der führenden Pariser Tanztheater mit internationalen Choreografien. Unter anderem Aufführungen von Sasha Waltz und Anne Teresa De Keersmaeker.
Châtelet • 2, pl. du Châtelet • 75001 • Métro: Châtelet (d 4) • Tel. 01/42 74 22 77 • www.theatredelaville-paris.com

Eine sehr pariserische Spezialität sind die **Café-Théâtres**. Auf den Bühnen dieser Zimmertheater, in denen man an kleinen Tischen auch essen kann, präsentieren sich junge Sänger, Schauspieler oder Komiker in Ein- bis Zwei-Personen-Shows.

Café de la Gare
▸ S. 139, F 8

Marais • 41, rue du Temple • 75004 • Métro: Hôtel de Ville (d 4) • Tel. 01/ 42 78 52 51

Café-Théâtre d'Edgar
▸ S. 144, C 19

Montparnasse • 58, bd. Edgar Quinet • 75014 • Métro: Edgar Quinet (c 5) • Tel. 01/42 79 97 97

Feste und Events Lust am Spektakel: Die »Hauptstadt der Feste« findet immer einen Anlass zum Feiern, mal mit Tanz, mal mit Feuerwerk, aber am liebsten mit beidem.

◄ Am 14. Juli, dem Nationalfeiertag, malen Flugzeuge Frankreichs Farben in den Himmel über die Champs-Élysées.

APRIL
Marathon de Paris

Es ist ein pittoreskes Spektakel, wenn rund 35 000 Läufer die Champs-Élysées hinunter in Richtung Bois de Vincennes laufen. Zurück geht es am linken Ufer zum Bois de Boulogne.
1. So im April • www.paris marathon.com

MAI
Fête du Travail

Am 1. Mai, dem Tag der Arbeit, stehen in Frankreich die Maschinen still. Überall duftet es nach Maiglöckchen (»muguets«), die, zu kleinen Sträußen gebunden, an jeder Straßenecke verkauft werden: als Glücksbringer.
1. Mai

La Nuit des Musées

Für eine Nacht öffnen alle Museen ihre Türen bis 1 Uhr morgens und locken Interessierte mit speziellen Programmen.
Sa nach Christi Himmelfahrt • www.nuitsdemusees.culture.fr

French Tennis Open

Seit 1891 findet das Grand-Slam-Turnier »Internationaux de France« im Stade Roland-Garros statt. Bis zu 400 000 Zuschauer pilgern jährlich in das berühmte Tennisstadion.
Ende Mai/Anfang Juni • www.rolandgarros.org

JUNI
Prix de Diane Hermès

Zum Pferderennen in Chantilly trifft sich die Crème de la Crème der Pariser Gesellschaft. Zu sehen: die schnellsten Pferde der Welt, die tollsten Damenhut-Kreationen und stets gefüllte Champagnergläser.
2. Sa im Juni • Hippodrome de Chantilly • www.france-galop.com

Fête de la Musique

Die Pariser lieben es, wenn am Tag der Sommersonnenwende in den Straßen ihrer Stadt musiziert und getanzt wird. Freier Eintritt zu Musikveranstaltungen in ganz Frankreich.
21. Juni • www.fetedelamusique.fr

JUNI/JULI
Festival Chopin

Ein Konzertabend bei Kerzenschein in der Orangerie des Rosengartens im Bois de Boulogne ist ein Genuss!
Mitte Juni – Mitte Juli • www.frederic-chopin.com

MERIAN-Tipp   6

LE QUATORZE JUILLET (NATIONALFEIERTAG)

Wenn Frankreich am 14. Juli des berühmten Sturmes auf die Bastille anno 1789 gedenkt und die Große Revolution feiert, schwingen die Pariser auf die Straßen und Plätzen zu Akkordeonmusik das Tanzbein und feiern ausgelassen – von den Champs-Élysées bis zur Bastille. Das gigantische Fest beginnt bereits am Vorabend. Am Morgen des 14. Juli findet die große Militärparade (seit 1919) statt, die vom Präsidenten der Republik (Ehrentribüne auf der Place de la Concorde) abgenommen wird.
14. Juli • www.paris.fr

Paris Jazz Festival

Für alle Fans des Free Jazz ein Muss: Fast zwei Monate lang kann man am Wochenende internationale Jazzmusiker in Paris hören.

Parc Floral de Paris, Bois de Vincennes • www.parisjazzfestival.com

JULI

Paris Cinéma

Zwei Wochen lang ist ganz Paris ein einziges Kino. In allen Vierteln Premieren, Retrospektiven, öffentliche Diskussionen zum Thema Film.

Anfang Juli • www.pariscinema.org

Le Quatorze Juillet (Nationalfeiertag)

▶ MERIAN-Tipp, S. 55

Le Tour de France

Nach strapaziösen 3500 km ist der Höhepunkt erreicht: Die Radfahrer treffen zum großen Finale auf den Champs-Élysées ein.

Ende Juli • www.letour.fr

JULI/AUGUST

Paris Plage

Palmen, Hütten, ein Schwimmbad und rund 2000 Tonnen feinster Sand verwandeln die beiden Ufer der Seine von Mitte Juli bis Mitte August in ein sommerliches Freizeitparadies. Der 3 km lange Strand erstreckt sich vom Pont des Arts bis zum Pont de Sully.

www.paris.fr

OKTOBER

Fête des Vendanges de Montmartre

Der Weinberg ist winzig, die Ernte bescheiden – dennoch bieten die rund 1000 Flaschen »Clos Montmartre«, die hier jährlich geerntet (und zu Charity-Zwecken versteigert) werden, einen willkommenen Anlass für ein ausgelassenes Weinfest mit Umzügen und Musik auf dem Montmartre.

2. Wochenende im Okt. • www.fetes desvendangesdemontmartre.com

Prix de l'Arc de Triomphe

Im »Hippodrome de Longchamp« im Bois de Boulogne gehen 20 Pferde an den Start der insgesamt 2400 m langen Rennstrecke. In den Wettlokalen ist zuvor der Teufel los. Wahrlich ein gesellschaftliches Großereignis.

1. So im Okt. • www.prixarcde triomphe.com

Nuit Blanche

Die Pariser Kulturnacht ist ein gigantisches nächtliches Straßen-Kunstfest mit Video-Shows, Licht-Installationen und Rossini-Opern-Projektionen.

1. Sa im Okt. • www.paris.fr

Festival d'Automne

Nach der langen Sommerpause drängt ungeduldig ein internationales Publikum in die Konzertsäle und Theater, gespannt auf die neuen Produktionen und Inszenierungen des Herbstes.

Okt.–Dez. • www.festival-automne.com

NOVEMBER

Fête du Beaujolais Nouveau

Vorsicht: Anfang November scheint ganz Paris volltrunken – in den Kneipen und Cafés stellen die Wirte die neue Ernte vor. Ein Fest des Rotweins!

3. Do im Nov. • www.beaujolais gourmand.com

Familientipps
Spannende Entdeckungsreisen mit Spaßfaktor sind angesagt – am liebsten nach Disneyland! Aber nicht nur hier werden Kinder- wie Erwachsenenherzen höher schlagen.

◄ Micky Maus & Co.: In Disneyland Paris (► S. 59) kommen die Kids den beliebten Comicfiguren ganz nah.

Aeroparis   ► S. 143, D 15

Familienvergnügen für Abenteuerlustige! Der Heißluftballon schwebt rund 15 Minuten lang über Paris und sorgt für aufregende Rundblicke! Parc André Citroën • 2, rue de la Montagne de la Fage • 75015 • Métro: Balard (b 5) • www.aeroparis.com • Ticket 10 €, Kinder 5 €, am Wochenende 12 €, Kinder 6 €

Cirque d'Hiver Bouglione
► S. 140, B 12

Seit sieben Jahrzehnten gehört dieser traditionelle Zirkus einer Familie. Bastille • 110, rue Amelot • 75011 • Métro: Filles du Calvaire (e 3) • www.cirquedhiver.com

Cité des Sciences et de l'Industrie   ► S. 141, D 9

Für technisch Interessierte ein Muss: Im Nordosten von Paris liegt das ehemalige Schlachthofgelände, auf dem 1974 der Betrieb eingestellt und ein hochmodernes Wissenschafts- und Technikmuseum gebaut wurde. In der historischen Halle (**Grande Halle**), einer filigranen Eisenkonstruktion, die einst als Verkaufsraum diente, finden heute vielfältige Ausstellungen zu den Themen »Universum«, »Leben«, »Materie« und »Kommunikation« statt. Naturwissenschaftliche Gesetze werden dem Besucher durch interaktive Spiele in einer Dauerausstellung näher gebracht. So kann man etwa der Mona Lisa seine Stimme leihen oder einen Flug im Düsenjet erleben. Das Planetarium bietet einen beeindruckenden Überblick über den Sternen-

himmel. Das Museum ist auch mit einem Boot ab Métrostation Stalingrad oder Jaures zu erreichen. La Villette • 30, av. Corentin-Cariou • 75019 • Métro: Porte de la Villette (e 2) • www.cite-sciences.fr • Di–Sa 10–18, So 10–19 Uhr • Eintritt je nach Umfang 9, 11, 15 €, Kinder unter 6 Jahren reduziert

Disneyland Paris

Nur 32 km östlich von Paris lockt der Ferien-, Freizeit- und Märchenpark täglich Zehntausende von Besuchern an. Zudem sorgt der Walt Disney Studios Park für Faszination, der neben den MGM Studios in Florida der zweite dieser Art ist: Er erlaubt den Blick hinter die Kulissen von Film und Fernsehen und weiht Action-Fans in die spannenden Geheimnisse von Special Effects und Animation ein.
Von Paris verkehrt eine eigene RER-Linie zum Magic Kingdom, mit dem Auto reist man über die A 4 an. Wer sich der Magie der stimmungsmachenden Maus nicht so schnell entziehen mag, kann in einem der Hotelbetten auf dem Areal nächtigen. Buchungen und Information: Tel. 0 18 05/81 89 • www.disneyland paris.com • Eintritt pro Park 57 €, Kinder bis 11 Jahre 51 € • Disneyland Park: Juli–Ende Aug. tgl. 10–23, sonst mind. bis 18 Uhr • Walt Disney Studios Park: Juli–Ende Aug. tgl. 10–19, sonst bis 18 Uhr

Galerie des Enfants/Centre Pompidou   ► S. 139, F 8

Im Erdgeschoss des Museums informieren Ausstellungen – von Künstlern und Designern sehr gut konzipiert – über die verschiedenen Aspekte moderner Kunst, Architektur und Design, häufig von interaktiven Spielen begleitet. Für 6- bis 12-Jährige werden diverse Workshops angeboten.

Beaubourg • Rue St-Martin • 75004 • Métro: Hôtel de Ville (d 4) • www.centrepompidou.fr/enfants • Mi–Mo 11–21 Uhr

Jardin d'Acclimatisation
‣ S. 136, B 2

Bei schönem Wetter ist es ein Vergnügen, besonders mit kleinen Kindern: Von der Métrostation Porte de Maillot fährt eine Mini-Bahn durch den Bois de Boulogne bis zum Eingang des schönen Parks. Dort können sie sich auf Spielplätzen nach Herzenslust austoben und Boot fahren. Für die Größeren gibt es einen Mini-Golf-Platz und ein Multimedia-Museum.

Bois de Boulogne • 75016 • Métro: Les Sablons (a 3) • Mai–Sept. tgl. 10–19, Okt.–April 10–18 Uhr

Musée National d'Histoire Naturelle
‣ S. 146, A 23

Der Jardin des Plantes ist einer der schönsten, abwechslungsreichsten Parks von Paris, und dieses Naturkundemuseum, gegründet 1793, liegt im südlichen Teil. Gleich mehrere Häuser gehören dazu. Ein Highlight für Kinder: In der **Grande Galerie de l'Évolution** (Eingang: 36, rue Geoffroy St-Hilaire), lange geschlossen und aufwendig renoviert, steht ein ausgestopftes Rhinozeros aus dem Besitz Ludwig XV. Lebensgroße Elefanten, Tiger und Giraffen bilden eine Karawane, und der Besucher kann die Entwicklungsgeschichte des Lebens auf Erden studieren. Die **Salle des Espèces Menacées et des Espèces Dispa-**

rues ist den bereits ausgestorbenen oder aufgrund des ökologischen Ungleichgewichts bedrohten Arten gewidmet. In der **Salle de Découverte** laden Ausstellungsprojekte die Kinder zu Workshops ein. Es gibt auch eine botanische Abteilung, Gewächshäuser und eine mineralogische Galerie, die eine außergewöhnlich große Sammlung von Mineralien aus der ganzen Welt beherbergt, riesige Kristalle und Juwelen aus dem Besitz von König Ludwig XIV.

Quartier Latin • 36, rue Geoffroy-St-Hilaire 2, rue Bouffon, 57 rue Cuvier • 75005 • Métro: Jussieu (d 4/5), Gare d'Austerlitz (d 5) • Tel. 01/40 79 30 00 • www.mnhn.fr • Mi–Mo 10–17 Uhr • je nach Ausstellung 6–8 €, Kinder frei, Kombi-Ticket 20 €, red. 15 €

Musée National de la Marine
‣ S. 137, E 4

400 Jahre Frankreich als Seefahrernation: Das Museum glänzt mit einer der schönsten Sammlungen von Schiffsmodellen. Darüber hinaus ist alles zu sehen, was mit der Seefahrt zu tun hat.

Eins der besonderen Ausstellungsstücke ist das Segelschiff »Ocean«, ausgestattet mit 120 Kanonen. Außerdem kann man die Restaurateure beim Arbeiten beobachten.

Trocadéro • Palais de Chaillot, 17, pl. du Trocadéro • 75016 • Métro: Trocadéro (b 4) • www.musee-marine.fr • Mi–Mo 10–18 Uhr • Eintritt 9 €, Kinder frei

Museé de la Poupée
‣ S. 139, F 8

Ein bisschen beängstigend sind die leblosen Gesichter der rund 400 ausgestellten Puppen schon, aber die meisten Mädchen (und ihre Müt-

ter) begeistert dieses kleine, privat geführte Puppenmuseum. Es gibt sogar ein »Krankenhaus« für geschwächte und alte Puppen.
Beaubourg • Impasse Berthaud • 75003 • Métro: Rambuteau (d 4) • www.museedelapoupeeparis.com • Di–Sa 10–18 Uhr • Eintritt 8 €, Kinder 4 €

Piscine Josephine Baker
▶ S. 146, C 24

Das nach der berühmten amerikanischen Jazz-Legende benannte moderne Schwimmbad schwimmt auf der Seine, zu Füßen der Nationalbibliothek. Das große Becken ist 25 m lang und hat ein Glasdach.
Gare d'Austerlitz • Quai François Mauriac • 7501 • Métro: Quai de la Gare (e 5) • Mo 7–8.30, 13–21, Di 13–24, Mi 13–21, Do 12–23, Sa 7–8.30, 11–20, So 10–20 Uhr • Eintritt 5 €

Stade de France
▶ S. 140, nördl. A 9

Ein Blick hinter die Kulissen des weltberühmten Fußballstadions ist für alle richtigen Fans unglaublich aufregend. Nach einem kurzen Besuch des Museums, in dem es Fotos und Fußballtrikots zu sehen gibt, beginnt die Tour. Man sitzt im Stadion, kann Umkleide- und Duschkabinen der Teams besichtigen und darf am Ende zu lautem Applaus durch einen Tunnel laufen.
Geführte Besuche Eingang Porte H, Stade de France • Métro: Stade de France St-Denis (d 1) • www.stadefrance.fr • Touren auf Französisch tgl. 10–17 Uhr (stdl.), tgl. 10.30 und 14.30 Uhr auf Englisch • Ticket 12 €

👫 Weitere Familientipps sind durch dieses Symbol gekennzeichnet.

Eines der Häuser des Musée National d'Histoire Naturelle (▶ S. 60) im Jardin des Plantes widmet sich ausgestorbenen Arten wie Dinosauriern.

Schauplatz von Paraden und Inbegriff
der Lichterstadt Paris: die mehrspurige
Prachtavenue Champs-Élysées (▶ S. 70),
hier mit dem Triumphbogen (▶ S. 65).

Unterwegs **in Paris**

Kunst- und Kulturhauptstadt: Es gibt unendlich viel
zu sehen in Paris, und die Entfernungen zwischen
den Highlights sind zu Fuß, mit dem Fahrrad oder
der Métro spielend zu bewältigen.

Sehenswertes
Spektakuläre Architektur, stimmungsvolle Plätze, herrliche Gärten – eine faszinierende Metropole! Es scheint, als gäbe es bei jedem Schritt und Tritt etwas zu entdecken.

◄ Das 320 m hohe Wahrzeichen von Paris: Der Eiffelturm (► S. 72) lockt jährlich mehr als sechs Millionen Besucher.

Es ist am sinnvollsten und beeindruckendsten, die Stadt zu Fuß zu erkunden. Wer allerdings Beine und Schuhsohlen ein bisschen schonen möchte, kann sich in Minutenschnelle mit der Métro ein Stück weiter transportieren lassen – das U-Bahn-System ist preiswert und leicht verständlich – oder sich ein Fahrrad leihen (► Verkehrsverbindungen, S. 134; grüner reisen, S. 31). Dem Fremden mit wenig Zeit bietet sich eine Stadtrundfahrt mit dem Bus an. Oder man leistet sich den (kleinen) Luxus einer Taxifahrt durch Paris. Besonders bei nächtlichem Lichterglanz die großen Boulevards und Quais entlangzufahren ist ein einzigartiges Vergnügen! Wer das erste Mal nach Paris kommt, wird mit einem riesigen Angebot an erstrangigen Sehenswürdigkeiten und Museen konfrontiert. Eine gute Planung der Besichtigungstouren, am besten schon vor der Reise, spart unnötiges »Kreuz-und-Quer-Fahren« durch die Stadt.

Arc de Triomphe ⭐   ► S. 137, F 3

Dieser 50 m hohe Triumphbogen am oberen Ende der Pariser Prachtavenue Champs-Élysées ist eine imposante Erinnerung an Napoléon I: 1806 ließ der Kaiser mit den Arbeiten für das klassizistische Monument beginnen – vollendet wurde der Bau allerdings erst 1836 unter Louis Philippe. Der nach antikem Vorbild konzipierte Triumphbogen steht in der Mitte der Place Charles-de-Gaulle, früher Place de l'Étoile (Sternplatz) genannt. Zwölf breite Avenuen führen sternförmig in alle Himmelsrichtungen. Die Seiten des gigantischen Bogens sind mit 2 m hohen Skulpturen zur Geschichte der Großen Armee geschmückt. 1840 trug man den toten Kaiser während einer Trauerfeier durch das Bogentor zum Invalidendom, 1885 wurde Frankreichs Dichter Victor Hugo hier eine Nacht lang aufgebahrt, und am 26. August 1944 feierte die französische Nation hier mit General de Gaulle an der Spitze die Befreiung. Unter dem Triumphbogen befindet sich das Grabmal des Unbekannten Soldaten (**Le soldat inconnu**), der hier am 11. November 1920 beigesetzt wurde. Der Bogen gilt seither als eine Art nationale Gedenkstätte für die in vielen Kriegen gefallenen Franzosen. Die Aussichtsplattform bietet einen grandiosen Blick auf die Achse Louvre – Place de la Concorde – La Défense. Das kleine **Musée de l'Arc de Triomphe** dokumentiert die Geschichte des Monuments.
Étoile • Pl. Charles-de-Gaulle • 75008 • Métro: Charles-de-Gaulle-Étoile (b 3) • Okt.–März tgl. 10–22.30, April–Sept. tgl. 10–23 Uhr, Kassenschluss 30 Min. vorher • Eintritt 9,50 €

Arc de Triomphe du Carrousel
► S. 139, D 8

Zwischen 1806 und 1808 zur Verherrlichung der napoleonischen Siege des Jahres 1805 im klassizistischen Stil errichtet, bildete der säulenumrahmte, von einer Bronze-Quadriga gekrönte »kleine Triumphbogen«, der zwischen Louvre und Tuileriengarten steht, einst den Zugang zum Hof des Tuilerienschlosses.
Palais Royal/Louvre • Rue de Rivoli • 75001 • Métro: Palais Royal (c 4)

Eine Oase der Ruhe im wohlhabenden Westen der Stadt: Der idyllische Bois de Bologne (▶ MERIAN-Tipp, S. 67) lädt zum Entspannen ein.

Assemblée Nationale ▶ S. 138, B 8

Das Palais Bourbon, ein königliches Haus aus dem 18. Jh. mit imposanter Säulenfassade, liegt am rechten Seine-Ufer, gegenüber der Place de la Concorde und den Tuilerien. Hier hat die französische Nationalversammlung ihren Sitz.

Invalides • 33, quai d'Orsay • 75007 • Métro: Assemblée Nationale (c 4) • www.assemblee-nationale.fr

Bastille ▶ S. 146, B 21

Kein Gemäuer mehr, nur der Name erinnert noch an jenes berühmte Staatsgefängnis – furchterregendes Symbol der absoluten Monarchie –, das die aufgebrachten Pariser am 14. Juli 1789 stürmten und somit die Französische Revolution auslösten. Heute wird die Place de la Bastille mit der Julisäule (zur Erinnerung an die Opfer der Revolutionen von 1830 und 1848 errichtet) von der neuen Volksoper **Opéra de la Bastille** beherrscht, einem gewölbten Betonbau mit aufgesetzter Glasfassade des kanadischen Architekten Carlos Ott. Seit Beginn der 1980er-Jahre erobert die Szene den Osten von Paris – die Bastille, das ehemalige Viertel der Arbeiter, Handwerker und der Revolte, der Armen und der Fremden, ist zur schicken Adresse in Paris avanciert. In den Möbelschreinereien von einst siedeln heute Galerien, Fabriketagen wurden zu lichtdurchfluteten Lofts umgebaut, cooles Design hat ehemalige Waschsalons in trendige Szene-Cafés verwandelt.

Symbol der »neuen Bastille« ist die **Rue de Lappe**, eine schmale, lichtlose Gasse mit vielen In-Lokalen für Nachtschwärmer. Besonders populär ist das plüschige Tanzlokal **Le Balajo** (▶ S. 47), in dem in den 30er-Jahren des letzten Jahrhunderts schon Edith Piaf, Arletty und Paul

Céline Tango tanzten – noch heute schieben sich am Nachmittag die älteren Leute zu den Klängen des Akkordeons im Walzerschritt über die Tanzfläche, die allerdings montags und donnerstags ab 23 Uhr der Pariser Schickeria gehört. Dann sorgen die stadtbekannten Discjockeys für heiße Musik. In der **Chapelle des Lombards**, einem der ganz legendären Tanzschuppen, locken südamerikanische Rhythmen, und im angesagten **Café Charbon** (▸ S. 26) in der Szene-Straße Rue Oberkampf ist es Abend für Abend proppevoll. Zu den traditionellen Institutionen des Viertels gehört die Belle-Époque-Brasserie **Bofinger** (▸ S. 21).
Bastille • Pl. de la Bastille • 75004 • Métro: Bastille (e 4)

Belleville   ▸ S. 140, C 11

Die »schöne Stadt« im Osten von Paris, einst eine Arbeiterhochburg und Geburtsort von Edith Piaf, wird inzwischen weniger vom Pariser »petit peuple« als vielmehr von arabischen und jüdischen Einwanderern aus Nordafrika, von Angolanern und Pakistani bewohnt. Couscous-Restaurants und Gewürzläden reihen sich aneinander. Der Markt entlang des Boulevard de Belleville ist der farbigste und exotischste von Paris.
Seit ein paar Jahren lassen sich auch viele Asiaten in Belleville nieder. Das chinesische Restaurant **New Nioullaville** gehört zu den beliebten Pilgerstätten der Pariser. Natürlich plant das Sanierungsprogramm der Stadt auch in diesem armen, teilweise aber noch sehr echten Viertel den Abriss von immer mehr Häusern und Straßen.
Belleville • 75020 • Métro: Belleville (e 3)

Bercy Village   ▸ S. 147, D 24

Im Geschäfts- und Wohnviertel Bercy befindet sich ein Ensemble historischer Weinlagerhallen, die Boutiquen und Restaurants beherbergen. Für Grün sorgt ein Park.
Bercy • Cour Saint-Émilion • 75012 • Métro: Cour St-Émilion (e 5) • www.bercyvillage.com

MERIAN-Tipp   **7**

BOIS DE BOULOGNE
▸ S. 136, A–C 3–4

Dieser 900 ha große, bewaldete Park im Westen der Metropole bietet den Parisern alles, was das stadtmüde Herz begehrt: idyllische Pfade und Reitwege, Pferderennplätze und zwei Seen, Kinderspielstätten und im **Jardin d'Acclimatation** einen Zoo, Restaurants und Cafés. Sehr sehenswert ist der berühmte Rosengarten mit fast 100 verschiedenen Sorten in der Parkanlage **La Bagatelle**. Außergewöhnlich schön – besonders an einem Sommerabend – sitzt und speist man in dem feinen Restaurant **La Grande Cascade** (Tel. 01/45 27 33 51 €€) an der Allée de Longchamp, und auch das **Pré Catelan** (Tel. 01/44 14 41 14 €€) an der Route de Suresnes bietet kulinarische Köstlichkeiten. Wer den Park besichtigen möchte, sollte dies tagsüber tun, denn nachts ändert sich das Publikum dramatisch: Dann blüht der von brasilianischen Transvestiten bevorzugte Autostrich.
Neuilly • 75016 • Métro: Pont de Neuilly • Porte Maillot • Porte Dauphine (a 3)

Bibliothèque Nationale François Mitterrand   ▸ S. 146, B 24/C 24

Mit seinem »Grand Project«, dem Bau der Nationalbibliothek im Osten der Stadt, hat sich Frankreichs ehemaliger Staatspräsident Fran-

Von außen mutet das Centre Pompidou (▸ S. 69) futuristisch an.

çois Mitterrand ein Denkmal gesetzt. Die vier gläsernen, L-förmigen Büchertürme, die um einen bewaldeten Innenhof stehen, sollen die Form eines aufgeschlagenen Buches symbolisieren.
Gare d'Austerlitz • 10, quai François-Mauriac • 75013 • Métro: Bibliothèque François Mitterrand (e 5) • www.bnf.fr • Mo 14–19, Di–Sa 9–19, So 13–19 Uhr

Buttes-Chaumont 👫
▸ S. 140–141, C/D 10

Bis 1864 waren diese Hügel im Nordosten von Paris ein unebenes Gelände. Erst Napoléon III ließ hier einen fantasievollen Park mit Grotten, Wasserfall und See errichten, dessen Insel als Felsen mit einem antiken Rundtempel aufragt. Louis Aragon liebte es, sich in diesem »Reich der Träume« inspirieren zu lassen.
Belleville • 75019 • Métro: Buttes Chaumont (e 3)

Canal Saint-Martin
▸ S. 140, A/B 10/11

Auf diesem 4,5 km langen Kanal, der Verbindung des Canal de l'Ourcq mit der Seine, verkehren Last- und Passagierschiffe. Er überwindet einen Höhenunterschied von 25 m und wird flankiert von idyllischen Uferpromenaden (an einigen Stellen ist er höher als die Straße gelegen), antiquierten Lagerhallen und altmodischen Schleusenhäuschen. Ab dem Square F.-Lemaître verläuft er unterirdisch unter dem Boulevard Richard Lenoir und taucht erst südlich der Place de la Bastille wieder auf.
République • 75010/75019 • Métro: Jaurès (e 2), République (e 3)

Catacombes   ▸ S. 145, D 20

130 Stufen führen hinab in ein Totenreich, das die Schädel und Gebeine von fast sieben Millionen Verstorbenen birgt. Noch bis zum Beginn des 19. Jh. hatte die Stadt Paris seine Toten – man denke an die zahllosen Pest- und Cholera-Opfer sowie all die Hingerichteten – in Massengräber versenkt. Am schlimmsten war die Situation auf dem **Cimetière des Innocents**, dem »Friedhof der Unschuldigen«, mitten im Hallenviertel, wo es schließlich so verheerend stank, dass die Menschen sogar in ihren Häusern ringsherum ohn-

mächtig wurden. 1785 schließlich beschlossen die Pariser, die Situation zu verbessern und die Überreste ihrer Verstorbenen in die aufgegebenen, leeren Kalksteinbrüche der Stadt umzubetten.

In beleuchteten Räumen sind Schädel und Gebeine fein säuberlich bis unter die Decke geschichtet und nach ihrer Herkunft geordnet. Wer an Details interessiert ist, bringe eine Taschenlampe mit.

Montparnasse • 1, av. du Colonel Henri Rol-Tanguy, 75014 • Métro: Denfert-Rochereau (c 5) • www. catacombes-de-paris.fr • Di–So 10–17 Uhr • Eintritt 8 €, Kinder frei

Centre Pompidou-Beaubourg 🎭🎪
▸ S. 139, F 8

Der 1977 erbaute Kunst- und Kulturtempel aus Stahl und Glas, der im Januar 2000 nach fast zweieinhalbjähriger Renovierung wiedereröffnet wurde, gehört zu den größten Pariser Attraktionen. Er beherbergt unter anderem eine riesige Bibliothek, das

Musée National d'Art Moderne (▸ S. 94), ein Zentrum für Gebrauchsdesign, das Institut für Akustik und Musik und eine Cinémathèque.

Eine fantastische Bühne für Kleinkunst und Pantomime, Gitarrenspiel und Clownerie bietet der große Platz davor, die Piazza Beaubourg, auf der auch das wiederaufgebaute Atelier des Bildhauers Constantin Brancusi steht. Die bunte Szenerie ist sehr gut von der Terrasse des **Café Beaubourg** zu beobachten, einem In-Treff der Pariser Künstler und Galeristen. Gleich hinter dem Centre sprudelt der fantasievolle Brunnen von Jean Tinguely und Niki de Saint-Phalle mit seinen farbigen, rotierenden, wasserspeienden Figuren aus Pappmaschee – die **Fontaine Stravinsky** (1983) ist ein ewiger Anziehungspunkt für Jung und Alt.

Beaubourg • 120, rue St-Martin • 75004 • Métro: Rambuteau, Hôtel de Ville (d 4) • Tel. 01/44 78 12 33 • www.centrepompidou.fr • Mi–Mo 11–21 Uhr • Eintritt 10–12 €

Wegzeiten (in Minuten) zwischen wichtigen Sehenswürdigkeiten
* mit öffentlichen Verkehrsmitteln

	Arc de Triomphe	Bastille	Cent. Pompidou	Cim. Lachaise	La Défense	Eiffelturm	Louvre	Notre-Dame	Sacré-Cœur	Ste-Chapelle
Arc de Triomphe	–	20*	16*	25*	12*	10*	12*	20*	18*	20*
Bastille	20*	–	6*	15*	21*	30*	8*	14*	26*	12*
Cent. Pompidou	16*	6*	–	18*	28*	25*	20	20	18*	20
Cim. Lachaise	25*	15*	18*	–	25*	30*	23*	22*	13*	15*
La Défense	12*	21*	28*	25*	–	16*	17*	25*	20*	21*
Eiffelturm	10*	30*	25*	30*	16*	–	18*	20*	22*	18*
Louvre	12*	8*	20	23*	17*	18*	–	35	22*	25
Notre-Dame	20*	14*	20	22*	25*	20*	35	–	18*	8
Sacré-Cœur	18*	26*	18*	13*	20*	22*	22*	18*	–	17*
Ste-Chapelle	20*	12*	20	15*	21*	18*	25	8	17*	–

MERIAN-Tipp 8

CIMETIÈRE DU PÈRE LACHAISE ▸ S. 141, D/E 12

Ohne Lageplan (am Eingang erhältlich) findet sich der Besucher in diesem steinernen Labyrinth der Toten nicht zurecht. Hier, in dieser 47 ha großen, 1803 eröffneten und nach dem Jesuitenpater Père Lachaise benannten Totenstadt, ruhen die Gebeine der großen Literaten, Musiker und Maler Frankreichs. Die Liste ist lang, sie reicht von Molière, Balzac und Proust bis zu Delacroix, Pissarro, Colette und Sarah Bernhardt. Die Gräber von Edith Piaf und Jim Morrison sind berühmte Pilgerstätten, immer wieder kommen Verehrer mit frischen Blumen. 1871 kämpften zwischen den Grabstätten 147 Aufständische der Pariser Kommune gegen die Truppen aus Versailles – sie wurden am 18. Mai 1871 an der Friedhofsmauer erschossen. Diese Mauer, die **Mur des Fédérés**, ist seither politischer Wallfahrtsort. Auf dem Cimetière du Père Lachaise gibt es auch israelitische, muslimische, buddhistische und protestantische Gräber. Belleville • 16, rue du Repos • 75020 • Métro: Père Lachaise (e 3), Philippe Auguste (e 4) • www.pere-lachaise.com • tgl. 8–17.30 Uhr

Champs-Élysées
▸ S. 137, F 3–S. 138, B 8

Die 100 m breite Avenue – »Gefilde der Seligen« – zwischen Place de la Concorde und Triumphbogen war einst die Königin der Pariser Straßen. Bis Mitte des 17. Jh. bedeckten Sümpfe und Wälder das Gelände. 1667 ließ der Hof-Gartenarchitekt André le Nôtre die Allee anlegen. Während des Zweiten Kaiserreichs wurden die Champs-Élysées zum mondänen Boulevard mit Cafés und Restaurants. Heute siedeln hier vor allem Banken, Versicherungen, Fluggesellschaften und Drugstores. Und dennoch – der Faszination eines abendlichen Spaziergangs über die hell erleuchtete Avenue kann sich auch der kritischste Besucher nicht entziehen. Ein Gläschen Champagner auf der Terrasse des berühmten **Fouquet's** (99, avenue des Champs-Élysées, Tel. 01/47 23 50 00 €€€€), Treffpunkt vieler Prominenter, ist besonders verlockend. Champs-Élysées • 75008 • Métro: George V, Franklin D. Roosevelt (b 3), Concorde (c 4)

Chinatown ▸ S. 145, südl. F 20

Im 13. Bezirk nahe der Place d'Italie leben rund 30 000 Menschen aus Kambodscha, Laos, Vietnam, Thailand und China in teilweise riesigen Wohnkomplexen – ihr »Chinatown« ist nicht vergleichbar mit dem in New York, aber es gibt viele Restaurants mit guter, preiswerter Küche. Italie • 75013 • Métro: Pl. d'Italie, Tolbiac (d 5)

Cimetière de Montmartre
▸ S. 138, C 5

»Sterbe ich in Paris, so will ich auf dem Friedhof des Montmartre begraben werden, auf keinem anderen …«, verfügte Heinrich Heine in seinem Testament. Der deutsche Dichter ruht neben solchen Berühmtheiten wie Émile Zola und

Alexandre Dumas, Hector Berlioz und Jean Giraudoux. Der Friedhof ist ein kleines, stilles und pittoreskes Plätzchen unweit der Place Pigalle.
Montmartre • Av. Rachel • 75018 • Métro: Blanche, Pl. de Clichy (c 2) • tgl. 9 –17.30 Uhr

Cimetière du Montparnasse
▶ S. 144, C 19

Als 1980 der Sarg Jean-Paul Sartres den Boulevard du Montparnasse entlang auf diesen Friedhof getragen wurde, folgten dem Zug 50 000 Menschen. Fotografen hingen in den Bäumen, und das Getümmel war so groß, dass ein Mann sogar ins offene Grab fiel. Eine ähnlich große Menschenmasse folgte ein paar Jahre später der toten Simone de Beauvoir. Auf dem friedlich-grünen Prominentenfriedhof liegen auch Guy de Maupassant, Charles Baudelaire, Samuel Beckett und viele andere.

Montparnasse • 3, bd. Edgar Quinet • 75014 • Métro: Edgar Quinet, Raspail (c 5) • tgl. 9 –17.30 Uhr

Cité de la Mode et du Design/ Docks on Seine
▶ S. 146, B 23

Eins der neuesten architektonischen Highlights am Ufer der Seine im 13. Arrondissement, dem »neuen« Paris, das im Frühjahr 2010 eröffnet wurde. In dem Zentrum für Mode und Design werden fachbezogene Ausstellungen und Modeschauen organisiert, das Institut de la Mode ist hier zu Hause. Die Idee einer Verbindung von bestehender Bausubstanz (die Lagerhallen am Quai datieren von 1907) mit neuer Architektur stammt von dem Pariser Architekten-Duo Jakob + MacFarlane. Bars, Restaurants, Cafés, eine Dachterrasse.
Gare d'Austerlitz • 28–36, quai d'Austerlitz • 75013 • Métro: Chevaleret, Gare d'Austerlitz (d 4/e 5)

Ursprünglich als Unterkunft für den Schlossvogt (Concierge) und die Palastwachen errichtet, diente die Conciergerie (▶ S. 72) lange Jahrhunderte als Staatsgefängnis.

Conciergerie 👤👤   ▸ S. 145, E 17

Das gotische Schloss liegt auf der Île de la Cité. An einem der zwei dicken Ecktürme, der **Tour de l'Horloge**, wurde 1370 die erste öffentliche Uhr von Paris angebracht. Seit 1431 war die Burg Kerker für Staatsgefangene. Während der Großen Revolution warteten hier über 2600 Gefangene auf die Stunde ihrer Hinrichtung durch die Guillotine, unter anderem Königin Marie Antoinette, Robespierre und Danton. Sehenswert: die **Salle des Gardes**, der Wachraum, die **Salle des Gens d'Armes** (ein architektonisches Kleinod) und die **Schlossküche**.
Île de la Cité • 1, quai de l'Horloge • 75001 • Métro: Cité (d 4) • http://

MERIAN-Tipp   **9**

JARDIN DU LUXEMBOURG 👤👤
▸ S. 145, D 18

Einer der lebhaftesten und schönsten Parks von Paris. Unter den hohen alten Bäumen stehen grüne Eisenbänke und Gestühl; hier wird Karten, Schach oder Boule gespielt, Kinder treffen sich zum Ponyreiten, Studenten aus dem Universitätsviertel zum Flirt an der Fontaine Médicis. Das Palais du Luxembourg, von Maria von Medici (1573–1642) nach dem Tod ihres Mannes Henri IV 1615 erbaut, war während der Revolution ein Gefängnis und ist heute Sitz des Senats.
Quartier Latin • Rue de Vaugirard oder Bd. St-Michel • 75006 • Métro: Odéon, RER: Luxembourg (c 4, d 5) • im Sommer 7.30–21, im Winter 8–17 Uhr

---

conciergerie.monuments-nationaux.fr • März–Okt. tgl. 9.30–18, Nov.–Feb. 9–17 Uhr, Kassenschluss 30 Min. vorher • Eintritt 7 €, Kinder frei

La Défense   ▸ S. 136, A 1

Das hypermoderne Wolkenkratzer- und Bürohausviertel im Nordwesten von Paris ist in den 1950er-Jahren entstanden. In der »Klein Chicago« genannten, futuristisch anmutenden Trabantenstadt arbeiten rund 40 000 Menschen. Nachts ist sie hingegen wie ausgestorben. In der Verlängerung der »Königsachse« – Louvre – Champs-Élysées – Arc de Triomphe erhebt sich seit 1989 die spektakuläre **Grande Arche**, der 110 m hohe Torbogen aus Glas und Marmor, eingeweiht zur 200-Jahr-Feier der Französischen Revolution.
La Défense • 72044 • Métro: Grande Arche de La Défense (a 3) • www.ladefense.fr • tgl. 10–19, Sommer bis 20 Uhr • Grande Arche 10 €, Kinder 8,50 €

Eiffelturm (Tour Eiffel) 👤👤
▸ S. 143, E/F 13

Die spektakuläre Idee zum Bau der 320 m hohen, 7000 t schweren Eisenkonstruktion in den Parkanlagen des Marsfeldes nahe der Seine hatte der Brückenbauingenieur Gustave Eiffel (1832–1923). Als das anfänglich als »unnötig und ungeheuerlich«, als »scheußliche Säule aus verschraubtem Blech« kritisierte, kühne Werk im Mai 1889 eingeweiht wurde, war die Skepsis bereits in Begeisterung umgeschlagen. Als »Stahlvenus« bezeichnete Jean Cocteau die schlanke Konstruktion, für Guillaume Apollinaire war sie die »Schäferin der Wolken«. Der Eiffelturm ist das berühmteste Wahrzeichen von Paris – in Miniaturausgabe begehrt als Souvenir und Sammlerstück. Bei klarem Wetter hat man einen großartigen Blick. Nicht zuletzt deshalb ist das Restaurant **Jules Verne** (▶ S. 26) oben im Turm so beliebt.

Champ de Mars • 75007 • Métro: Bir-Hakeim, Champ de Mars (b 4) • www.tour-eiffel.fr • Aufzug: Jan.– Mitte Juni, Sept.–Ende Dez. 9.30– 23.45, Mitte Juni–Ende Aug. 9– 0.45 Uhr • Eintritt 13,10 €, Kinder 9 € (3. Etage)

Faubourg Saint-Honoré

▶ S. 138, A 7–C 8

In der klassisch-eleganten, sündhaft teuren Luxusstraße haben große Pariser Couturiers wie Christian Lacroix und Pierre Cardin oder Karl Lagerfeld ihre Läden. Hinter der Nr. 55–57 verbirgt sich Frankreichs kostbar ausgestatteter Präsidentenpalast, der **Élysée**. »Château« nennen die Pariser die staatliche Residenz, die Madame de Pompadour einst als »Pied-à-terre« in der Hauptstadt diente.

Concorde • 75008 • Métro: Ternes, St-Philippe du Roule, Concorde (b 3, c 4)

Fontaine des Innocents

▶ S. 139, E 8

Wo heute der Renaissancebrunnen von Pierre Lescot (1510–1578) plätschert, stank es bis 1786 zum Himmel. 800 Jahre lang hatte man hierher die Toten des Krankenhauses Hôtel Dieu und der umliegenden Pfarrgemeinden gebracht. Nicht umsonst lässt Patrick Süskind hier den Helden seines Romans »Das Parfum« zur Welt kommen. Das

Pariser Massengrab soll bis zu zwei Millionen Tote gezählt haben.

Les Halles • Sq. des Innocents • 75001 • Métro: Châtelet Les Halles (d 4)

Forum des Halles 🕴🕴   ▶ S. 139, E 8

Der ehemalige »Bauch von Paris« mit seinen malerischen Markthallen wurde Anfang der 1970er-Jahre mit dem Forum des Halles gestopft: Der Kommerz-Komplex aus verspiegeltem Glas, Beton und Aluminium beherbergt unzählige Läden, Restaurants, ein Hallenbad, Kinos, eine Sporthalle und sogar ein Treibhaus. In der 1988 eingerichteten Videothek kann man sich zahllose Filme zum Thema »Paris« anschauen. Täglich strömen rund 300 000 Menschen in die vorwiegend unterirdische Mammut-Anlage. Die Métrostation Châtelet Les Halles ist die größte U-Bahn-Station der Welt.

In der – besonders schönen! – Kirche **Saint-Eustache** befindet sich in einer der Kapellen das Werk des Künstlers Raymond Mason von 1969, das den ehemaligen Markt der Seine-Metropole zeigt: »Der Auszug von Obst und Gemüse aus dem Herzen von Paris«. Auf dem Square des Innocents mit der Renaissance-Fontaine herrscht von früh bis spät Trubel: Hier tummeln sich Musikanten, Laienschauspieler und Skateboardfahrer.

Les Halles • 75001 • Métro: Châtelet Les Halles (d 4)

Hôtel de Ville   ▶ S. 145, F 17

Das zwischen 1533 und 1626 im Renaissancestil erbaute Pariser Rathaus brannte während des Kommuneaufstandes 1871 ab; der Wiederaufbau erfolgte im Neurenaissancestil.

In dem imposanten Gebäude befinden sich alle städtischen Ämter.
Hôtel de Ville • Pl. de l'Hôtel de Ville • 75004 • Métro: Hôtel de Ville (d 4) • Führung: nur Mo 10.30 Uhr

Île de la Cité   ▶ S. 145, E/F 17

Auf der schiffsförmigen Seine-Insel schlendert man durch 2000 Jahre Stadtgeschichte. Hier ließen sich im 3. Jh. v. Chr. gallische Schiffer und Fischer vom Stamm der Parisii nieder und besiedelten zunächst das linke, dann das rechte Ufer. Hier stehen die gotische Kathedrale **Notre-Dame** und die mittelalterliche **Conciergerie**, das frühere Staatsgefängnis. In dem riesigen Justizpalast hielten die französischen Könige bis 1358 Hof. Auf der Seine-Insel findet ein stimmungsvoller Blumenmarkt statt und an Sonntagen der Vogelmarkt.
Île de la Cité • 75004 • Métro: Cité (d 4)

Île Saint-Louis 🔴3
▶ S. 145, F 17–18

Exklusive Nachbarinsel der Île de la Cité. Aus den Sümpfen von einst ist heute der teuerste Boden der Stadt geworden. Es ist sehr »en vogue«, hier in einem der vom Architekten Le Vau (1612–1670) erbauten prächtigen »hôtels particuliers« zu residieren. Die »Insel« mit ihren distinguierten Läden, Hotels, Restaurants und Galerien ist eine kleine Welt für sich. Übrigens gibt es bei **Berthillon** (▶ S. 26) das beste Eis der Stadt.
Île de la Cité • 75004 • Métro: Cité, Pont Marie (d 4)

Immeuble Molitor/Appartement-Atelier Le Corbusier

Für Architektur-Freunde ein Muss: Dieses Haus hat der bedeutende französische Architekt Le Corbusier (1887–1965) zusammen mit Pierre Jeanneret zwischen 1931 und 1943 gebaut. Von 1933 bis zu seinem Tod nutzte Le Corbusier die 7. und 8. Etage als Wohnung und Atelier. Beispielhaft wird hier deutlich, worauf es ihm im Wesentlichen ankam: klare Formen, Funktionalität, Wirtschaftlichkeit und viel Licht. Ebenfalls sehenswert ist das Haus, in dem heute die Le Corbusier-Stiftung (Villa La Roche) untergebracht ist. Le Corbusier entwarf es 1923 für einen Schweizer Sammler. Und wer noch mehr von Le Corbusier sehen möchte: Er baute ebenfalls den Pavillon de la Suisse in der Cité Universitaire, das Schweizer Studentenwohnheim am Boulevard Jourdan.
www.fondationlecorbusier.fr
– Appartement-Atelier Le Corbusier: Auteuil • 24, rue Nungesser-et-Coli • 75016 • Métro: Michel-Ange Molitor (a 4/5)   ▶ S. 142, A 15
– Fondation Le Corbusier: Villa La Roche • 8–10, sq. du Docteur Blanche • 75016 • Métro: Jasmin (a 4)   ▶ S. 142, B 13

Institut du Monde Arabe
▶ S. 146, A 22

Das transparente Gebäude aus Stahl und Glas dient der Pflege der islamischen Kultur. In dem Bau sind unter anderem ein Museum, eine Bibliothek und ein Restaurant mit Dachterrasse untergebracht: orientalische Gerichte und ein toller Blick.
Gare d'Austerlitz • 1, rue des Fossés-Saint-Bernard • 75005 • Métro: Jussieu (d 4/5) • www.imarabe.org • Di–So 10–18 Uhr • Eintritt 8 €

Invalides   ▶ S. 144, A/B 17

Der unter Louis XIV entstandene barocke Sakralbau mit der goldenen

In Jean Nouvels Institut du Monde Arabe (▸ S. 74) verbergen sich Hightech und arabische Kultur in vielen Facetten hinter der schlichten Fassade.

Kuppel wurde von 1677 bis 1708 von dem Architekten Hardouin-Mansart begonnen und 1735 von Robert de Cotte vollendet. Im Innern des Invalidendoms befindet sich der Sarkophag Napoléon I aus rotem finnischen Porphyr, in dessen Innerem sechs Särge ineinander gestellt sind, sowie die Gräber anderer militärischer Persönlichkeiten Frankreichs.
Invalides • Pl. Vauban • 75007 •
Métro: Varenne, Latour-Maubourg,
Invalides (b/c 4) • tgl. 10–18 Uhr
(Winter 17 Uhr) • Eintritt 9 €

Jardin des Plantes 👭

▸ S. 146, A 23

Dieser Rokokogarten gehört zu den schönsten Parks der Metropole. 1626 beauftragte Louis XII seinen Arzt Guy de la Brosse mit der Anlage eines Arzneigartens – bereits 15 Jahre später wuchsen hier 2600 Heilpflanzen. 1650 wurde der Kräutergarten dem Volk geöffnet. In der **Grande Galerie de l'Évolution** des Naturkundemuseums kann der Besucher die Entwicklung von Pflanze und Tier nachvollziehen.

Eines der wichtigsten Wahrzeichen von Paris und gefühlter Mittelpunkt der Stadt: die Kathedrale Notre-Dame (▸ S. 77) im Abendlicht.

Quartier Latin • 36, rue Geoffroy Saint-Hilaire • 75005 • Métro: Jussieu (d 4/5) • www.mnhn.fr • Museum: tgl. 10–18 Uhr • Eintritt 9 €, Kinder 7 €

Jardin des Tuileries ⚜ ⚐
▸ S. 138, C 8

Diese 25 ha große Parkanlage zwischen Louvre und Place de la Concorde wurde 1664 von dem königlichen Gartenarchitekten Le Nôtre zu einem klassischen Meisterwerk gestaltet. Seinen Namen erhielt der Garten durch die zahlreichen Ziegelöfen, in denen die Ziegel (»tuiles«) für die umliegenden Quartiers gebrannt wurden. Herrliche Alleen laden zum Flanieren ein; zwischen den zahlreichen Marmorstatuen auf den großen Rasenflächen erholen sich die Pariser in der Mittagspause. Der Belgier Jacques Wirtz und das französische Team Pascal Cribier und Louis Benech haben im Zuge des Louvre-Umbaus dem Park frischen Glanz verliehen: mit dem Kleinen Triumphbogen in der Cour du Carrousel als Zentrum des neuen Parkgeschehens.
Concorde • Métro: Tuileries, Concorde (c 4)

Madeleine
▸ S. 138, C 7

Der zunächst von Napoleon geplante »Ruhmestempel der Armee« wurde unter Louis XVIII (1815–1824) Pfarrkirche. Der Sakralbau ist von einer majestätischen Kolonnade umgeben, deren 52 korinthische Säulen in 50 m Höhe einen Skulpturenfries tragen. Nahe der Madeleine gibt es einen wunderschönen Blumenmarkt und die besten Feinkostläden.
Madeleine • Pl. de la Madeleine • 75008 • Métro: Madeleine (c 3)

Marais
▸ Spaziergänge und Ausflüge, S. 102

Mémorial de la Déportation
▸ S. 145, F 18

Das 1962 errichtete Mahnmal für die Opfer des Nationalsozialismus erhebt sich an der Südostspitze der Seine-Insel Île de la Cité.

Île de la Cité • Sq. de l'Île-de-France • 75004 • Métro: Cité (d 4)

Montmartre 🔟9
▸ Spaziergänge und Ausflüge, S. 106

Montparnasse
▸ Spaziergänge und Ausflüge, S. 104

La Mosquée de Paris ▸ S. 145, F 19

Die große, im spanisch-maurischen Stil erbaute Moschee (1922–1926) ist das geistige Zentrum der muslimischen Bevölkerung Frankreichs. Hamam, Teesalon, Restaurant.

Quartier Latin • 2, pl. du puits de l'Ermite • 75005 • Métro: Place Monge (d 5) • www.mosquee-de-paris.net

Notre-Dame 🔟5   ▸ S. 145, F 17

Die Kathedrale »Zu Unserer Lieben Frau« ist Wahrzeichen von Paris und einer der bedeutendsten Sakralbauten der Frühgotik. Einst stand hier, im Herzen der Stadt, eine frühchristliche Basilika, dann eine römische Kirche. 1163 ließ Maurice de Sully, Bischof von Paris, den Bau beginnen, 1345 war er fertiggestellt. Notre-Dame war fortan Schauplatz höchster Feierlichkeiten: 1430 wurde Heinrich VI von England zum König von Frankreich gekrönt, 1559 fand die Krönung Maria Stuarts statt. Während der Französischen Revolution wurde die Kirche von Robespierre zum »Tempel der Vernunft« erklärt, 1804 bildete sie die Kulisse zur Kaiserkrönung Napoléons in Anwesenheit des Papstes.

Berühmt ist die makellos schöne gotische Fassade mit den drei Portalen und der Königsgalerie darüber. 10 m im Durchmesser misst die kunstvolle Rosette unter den Arkaden der Großen Galerie. Der fantastische Blick vom Turm lohnt den doch recht anstrengenden Aufstieg.

Île de la Cité • Pl. du Parvis-Notre-Dame • 75004 • Métro: Cité (d 4) • www.notredamedeparis.fr • tgl. 8–18.45 Uhr
– Messe: Mo–Fr 8, 9, 12 und 18.15, Sa 8, 9, 12 und 18.30, So 8.30, 10, 11.30, 12.45 und 18.30 Uhr
– Turmaufstieg: April–Sept. tgl. 10–18.30, Juni–Aug. Sa, So 10–23, Okt.–März tgl. 10–17.30 Uhr • Eintritt 8 €, Kinder frei

Palais Royal   ▸ S. 139, D 8

Unter den königlichen Arkaden des Palais Royal, das sich Kardinal Richelieu 1629 bauen ließ, siedeln kleine Antiquitäten- und Briefmarkenläden, Cafés und Restaurants. Im **Le Grand Véfour** (▸ S. 26) speisten schon Napoléon und Victor Hugo. 1954 starb die Schriftstellerin Colette hinter einem der Fenster des Palais, und auch Jean Cocteau hatte hier lange eine Wohnung. Zu Beginn des 18. Jh. war das königliche Palais Treffpunkt der Aristokratie, Künstler, Schriftsteller und Kurtisanen vergnügten sich in Spielsälen und Clubs. Um 1789 wurde der Garten zum Agitationsfeld der Revolutionäre. Heute beherbergt das Kardinalsgebäude den Staatsrat und das Kultusministerium. Großes Aufsehen erregte 1986 die Aufstellung der schwarzweißen Marmorsäulen des französischen Künstlers Daniel Buren.

Palais Royal • Pl. du Palais Royal • 75001 • Métro: Palais Royal (c 4)

Panthéon ▸ S. 145, E 18

Im Revolutionsjahr 1789 wurde der mächtige Kuppelbau im Quartier Latin fertiggestellt. Auf Beschluss der verfassungsgebenden Versammlung wurde die ursprünglich der heiligen Genoveva gewidmete Kirche 1791 zu einem nationalen Ruhmestempel berühmter Franzosen deklariert. Hinter der Portikus mit den korinthischen Säulen liegen die Grabmäler von Voltaire, Rousseau, Victor Hugo, Émile Zola und anderen Größen.
Quartier Latin • Pl. du Panthéon • 75005 • RER: Luxembourg (d 5) • www.pantheonparis.com • April– Sept. tgl. 10–18 Uhr • Eintritt 8 €, Kinder frei

Parc André Citroën ▸ S. 142, C 15

Ein Pilgerort besonders für die jüngeren unter den internationalen Gartenfans. Angelegt auf dem ehemaligen Firmengelände der Automarke André Citroën, ist in diesem Park alles anders als in den klassischen Pariser Gärten: Eine riesige rechteckige Rasenfläche als Tummelwiese lädt zu Volleyball und Picknick ein. Darum reihen sich steinerne Blumenkabinette, Türmchen, futuristische Plätze und Hightechtreibhäuser, in denen exotische Gräser und Pflanzen sprießen. Ein idyllischer Pariser Paradiesgarten ist »Le Parc« nicht. Aber ein imposantes und sehenswertes Jahrhundertwerk.
Grenelle • Rue Balard • 75015 • Métro: Balard (b 5)

Parc Monceau ▸ S. 138, A 6

Der von Philippe d'Orléans Ende des 18. Jh. angelegte Park ist Tummelplatz der Pariser Bourgeoisie und ihrer Zöglinge. Er weist eine von Efeu überwucherte Kolonnade, bestehend aus korinthischen Säulen, Renaissancearkaden, weite Rasenflächen, Rosenbeete und einen Weiher auf. Gleich am Park: das **Musée**

Der Parc André Citroën (▸ S. 78) begeistert vor allem durch Architektur, die unzählige Spielmöglichkeiten zulässt.

Cernuschi (Sammlung chinesischer Kunst, Di–So 10–17.40 Uhr) und das **Musée Nissim de Camondo** (Möbel, Bilder, Porzellan etc. aus dem 18. Jh., Mi–So 10–17 Uhr).

Étoile • Bd. de Courcelles • 75008 • Métro: Villiers, Monceau (c 3, b 3)

Passage Choiseul   ▶ S. 139, D 7/8

In der langen, schmalen, 1825 von Tavernier erbauten Passage befindet sich das Theater **Bouffes Parisiens** (Rue Monsigny, Tel. 01/42 96 60 24).

Opéra • zwischen Rue des Petits-Champs und Rue St-Augustin • 75002 • Métro: Quatre Septembre (c 3)

Passerelle Simone de Beauvoir
▶ S. 146, C 24

Die nach der französischen Schriftstellerin Simone de Beauvoir benannte Fußgängerbrücke ist die neueste Pariser Brücke und verbindet die Bibliothèque Nationale mit dem gegenüberliegenden Parc de Bercy.

Gare d'Austerlitz • Quai de la Gare • 75013 • Métro: Quai de la Gare (e 5)

Place de la Concorde   ▶ S. 138, B 8

In der Mitte des großartigen, weiten Viereckplatzes befindet sich ein ägyptischer Obelisk, den Bürgerkönig Louis Philippe hier 1836 aufstellen ließ. 1755 begonnen, wurde der Platz erst im 19. Jh. vollendet. Bis zur Revolution zierte ihn ein Reiterstandbild Louis XV. 1792 wurde es gestürzt, am 21. Januar 1793 fiel hier der Kopf Louis XVI unter der Guillotine. Die eigentliche Pracht des »Platzes der Eintracht« liegt in den Perspektiven: Der Blick reicht einmal bis zum Étoile und über die Tuileriengärten zum Louvre, zum anderen zur Madeleine und bis zum Palais Bourbon.

Elegant überbrückt die Passerelle Simone de Beauvoir (▶ S. 79) die Seine.

Concorde • 75008 • Métro: Concorde (c 4)

Place de la Contrescarpe
▶ S. 145, F 19

Der Lyriker Paul Celan liebte diesen kleinen, pittoresken Platz im Quartier Latin. Schon zu Zeiten Rabelais' – er leitete hier, im Haus Nr. 1, das Kabarett **Le Cabaret de la Pomme de Pin** – war er Kommunikations- und Versammlungsort. Hier lebt noch ein Stück altes Paris inklusive Clochards. Die kurz »Mouffe« genannte **Rue Mouffetard** ist eine wunderschöne, quicklebendige Marktstraße mit Fassaden aus dem 16., 17. und 18. Jh. Im Haus Nr. 14, rue Rollin, lebte René Descartes von 1644 bis 1648.

Quartier Latin • 75005 • Métro: Place Monge (d 5)

Place Dauphine   ▶ S. 145, E 17

Der stille, baumbestandene Dreiecksplatz von 1607 ist ein Kleinod unter den Pariser Plätzen. Er liegt auf der Cité-Insel zwischen Pont-Neuf und Justizpalast und trägt den Namen nach dem Kronprinzen (»dauphin«), dem späteren König Louis XIII (1610–1643).

Louvre • 75001 • Métro: Pont-Neuf (d 4)

Place du Trocadéro   ▸ S. 137, E 4

Der sehr schöne, schattige Garten mit Fontäne und einer großen Terrasse, die einen einzigartigen Blick auf den Eiffelturm und die Militärakademie (**École Militaire**) freigibt, gehört zum **Palais de Chaillot**.

Trocadéro • 75016 • Métro: Trocadéro (b 4)

Place Vendôme   ▸ S. 138, C 8

Der von Mansart unter Louis XIV (1643–1715) angelegte aristokratische Platz ist streng klassizistisch. Die aus Bronze gegossene, 44 m hohe Colonne Vendôme wird von einer Statue Napoléons gekrönt. Hier befinden sich das Justizministerium und das Nobelhotel **Ritz** (▸ S.14) mit der berühmten Hemingway-Bar.

Tuilerien • 75001 • Métro: Concorde, Tuileries (c 4)

Place des Victoires   ▸ S. 139, E 8

Der runde königliche Platz von 1685 mit Säulengängen, eleganten Häusern und einem Denkmal des Sonnenkönigs Louis XIV in der Mitte (1822) wurde von Jules Hardouin-Mansart gestaltet. Modehäuser wie Kenzo und Cacharel locken hier mit ihren Kreationen. Viel Mondänes gibt es auch in den angrenzenden Straßen.

Palais Royal • 75001 • Métro: Bourse, Palais Royal (d 3, c 4)

Place des Vosges 🔸

▸ Spaziergänge und Ausflüge, S. 102

Pont Alexandre III   ▸ S. 138, B 8

Die prächtigste Brücke von Paris überspannt die Seine in einem einzigen eleganten Bogen und bildet mit den Belle-Époque-Bauten **Grand Palais** und **Petit Palais** eine städtebauliche Einheit. Allegorische Figuren, goldene Putten und Kandelaber schmücken das imposante Bauwerk, das 1896 für die Weltausstellung errichtet wurde.

Champs-Élysées • 75008 • Métro: Champs-Élysées, Invalides (c 3/4)

Pont des Arts   ▸ S. 145, D 17

Die vom Institut de France zum Louvre führende Fußgängerbrücke aus Eisen bietet eine herrliche Aussicht.

Louvre • 75001 • Métro: Pont-Neuf (d 4)

Pont-Neuf   ▸ S. 145, E 17

Die »Neue Brücke«, 1606 unter Henri IV vollendet, war die erste »moderne« Brücke von Paris. Hier verzichtete man erstmals auf die Brückenbebauung durch Häuser, legte Bürgersteige an und gab den Blick auf die Seine und den alten Königspalast frei. Von hier aus sieht man auch auf die grüne Spitze der Cité-Insel, wo weithin sichtbar das Reiterstandbild von Henri IV aufragt, wegen seiner vielen Liebschaften als »immergrüner Galan« vom Volk verspottet. 1985 hüllte der bekannte Verpackungskünstler Christo den Pont-Neuf ein.

Île de la Cité • 75001 • Métro: Pont-Neuf (c 4)

La Ruche und andere Künstlerkolonien

In dem Rundbau **La Ruche**, dem »Bienenkorb«, in einem verwilderten Garten gelegen, lebten Künstler

Die Unterkirche der Sainte-Chapelle (▸ S. 82) erinnert mit ihrer geringen Raumhöhe an eine Krypta. Die Gewölbe zeigen die goldene Lilie auf blauem Grund.

wie Fernand Léger und Marc Chagall. Wagen Sie auch einen Blick hinter das Portal der wunderschönen **Cité Fleurie**, einer weiteren Künstlerkolonie in Montparnasse. Auf dem Montmartre bot der romantische Atelier-Komplex **Les Fusains** Künstlern wie Auguste Renoir und Max Ernst einen Arbeitsplatz. All diese Atelierhäuser werden heute noch von Künstlern bewohnt.
– La Ruche: Vaugirard • 2, passage de Dantzig • 75015 • Métro:
Convention (b 5)   ▸ S. 143, F 16

– Cité Fleurie: Italie • 65, bd. Arago • 75013 • Métro:
Les Gobelins (d 5)   ▸ S. 145, E 20
– Les Fusains: Montmartre • 22, rue Tourlaque • 75018 •
Métro: Blanche (c 2)   ▸ S. 139, D 5

Sacré-Cœur   ▸ S. 139, E 5

Immer wieder muss sie viel Spott ertragen, aber der Faszination dieser weithin sichtbaren Zuckerbäcker-Kathedrale kann sich niemand entziehen. Die im neoromanisch-byzantinischen Stil erbaute Basilika

MERIAN-Tipp

PASSAGEN ▶ S. 139, D/E 8

Bereits um das Jahr 1800 flanierten die Pariser in überdachten Passagen – Städte in der Stadt mit Restaurants, Cafés und Läden. Etwa 130 gab es zu jener Zeit, übrig geblieben sind rund 20. Sie wurden von den Boulevards des Baron Haussmann verdrängt und verkamen zu Durchgängen. Doch seit den 80er-Jahren des 20. Jh. findet eine Renaissance der Passagen rund um die Börse statt. Die elegante **Galerie Vivienne** mit ihren attraktiven Spezialgeschäften ist ein architektonisches Wunderwerk. Achten Sie auf die einzigartigen Mosaikböden und Stuckwände! Der berühmte Teesalon **A Priori Thé** lädt hier zu einer kleinen, feinen Pause ein.

In der **Galerie Véro-Dodat,** ebenfalls im 19. Jh. errichtet, herrscht vornehme Stille – und verschwenderischer Luxus. Charakteristisch für diese nostalgische Einkaufswelt sind die vielen schönen alten Spiegel, die hier noch zwischen den Ladenfronten erhalten sind.
Bourse • Rue des Petits-Champs • 75002 • Métro: Bourse (d 3) • zwischen Rue Jean-Jacques-Rousseau Nr. 19 und Rue Croix-des-Petits-Champs • 75001 • Métro: Palais Royal (c 4)

mit der riesigen Glocke wurde 1871 nach dem verlorenen Krieg gegen Deutschland und der Niederschlagung der Pariser Kommune als Sühnekirche geplant und 1919 dem Herzen Jesu geweiht. Auf dem Vorplatz

der Kirche mit den breiten Treppen kann man stundenlang sitzen und den Blick über Paris genießen.
Montmartre • 75018 • Métro: Anvers (d 2), Minibus von der Pl. Pigalle, Bergbahn von der Pl. Suzanne Valadon

Sainte-Chapelle 🔯 ▶ S. 145, E 17

Die in den riesigen Komplex des Justizpalastes auf der Cité-Insel integrierte zierliche Kapelle ist ein Meisterwerk der französischen Hochgotik. Louis IX (1226–1270) ließ die Kirche als Palastkapelle für die Reliquie der Dornenkrone Christi errichten. Das Besondere sind die zwei übereinanderliegenden Kapellen. Die untere Kapelle war für das Hofgesinde bestimmt, die obere dem König und seiner Familie vorbehalten. Die schwerelos wirkende Oberkirche scheint nur aus Glas und Licht zu bestehen – bei Sonnenschein ein unvergessliches Erlebnis. Über 1000 Szenen erzählen in den 15 farbigen Fenstern Geschichten aus dem Alten und Neuen Testament.
Île de la Cité • Bd. du Palais, im Palais de Justice • 75001 • Métro: Cité (d 4) • http://sainte-chapelle.monuments-nationaux.fr • März–Okt. tgl. 9.30–18, Nov.–Feb. 9–17 Uhr • Eintritt 8 €, Kinder frei

Saint-Eustache ▶ S. 139, E 8

Als »Kirche des Hallenviertels« genießt dieser zwischen 1532 und 1637 nach dem Vorbild von Notre-Dame entstandene Sakralbau höchste Popularität. Hier wurde das Totenamt für Mozarts Mutter gehalten, fand das Requiem für Mirabeau statt, wurde 1622 Molière getauft und feierte Louis XIV seine Erstkommunion.
Les Halles • Rue Rambuteau • 75001 • Métro: Les Halles (d 4)

Saint-Germain-des-Prés

▶ S. 145, D 17

Die älteste Kirche von Paris. Bereits um 543, inmitten von Feldern und Wiesen (»prés«), ließ Childebert I. hier eine Basilika und ein Kloster bauen. Das heutige Erscheinungsbild geht auf das 11. und 12. Jh zurück. Während der Revolution zerstörten Brände den Bau, die reiche Bibliothek wurde vernichtet. Unter anderen hat der französische Philosoph René Descartes (1596–1650) in dieser Kirche seine Grabstätte.
St-Germain • 3, pl. St-Germain-des-Prés • 75006 • Métro: St-Germain-des-Prés (c 4)

Saint-Julien-le-Pauvre

▶ S. 145, E 18

Die kleine, von Benediktinermönchen um 1170 erbaute Klosterkirche im Herzen des Quartier Latin ist die älteste Universitätskirche von Paris. Heute ist St-Julien-le-Pauvre die Kirche der griechisch-orthodoxen Gemeinde. Hier finden auch zahlreiche hörenswerte Kirchenkonzerte statt.
Quartier Latin • 1, rue St-Julien-le-Pauvre • 75005 • Métro: St-Michel (d 4)

Saint-Roch

▶ S. 139, D 8

Diese Kirche, an der Rue Sainte-Honoré im Herzen von Paris, wurde zwischen 1653 und 1740 nach Plänen des Architekten Jacques Lemercier erbaut. Sehenswert ist das Interieur mit der üppig dekorierten Sainte-Chapelle, der Marienkapelle. In Saint-Roch befinden sich die Gräber bedeutender Franzosen wie des Dramatikers Pierre Corneille (1606–1684), des großen Gartenarchitekten von Napoleon Le Nôtre (1613–1700) und des Schriftstellers Denis Diderot (1713–1784). Weltberühmt ist auch die unter Denkmalschutz stehende Orgel.
Louvre • 296, rue St-Roch • 75001 • Métro: Pyramides, Tuileries (c 4)

Saint-Sulpice

▶ S. 145, D 18

Der imposante Bau der 115 m langen Pfarrkirche von Saint-Germain (Grundsteinlegung 1646) entstand in mehreren Etappen. 1732 wurde als Erstes die Fassade gestaltet. Auffallend sind hier die beiden unterschiedlichen Türme. In der Südkapelle gleich rechts neben dem Eingang befinden sich sehr sehenswerte Wandmalereien von Eugène Delacroix.
St-Germain • Pl. St-Sulpice • 75006 • Métro: Saint-Sulpice (c 4)

Tour Montparnasse   ▶ S. 144, C19

Als 1973 der über 200 m hohe Büroturm aus Stahl und Glas mitten im Montparnasse-Viertel gebaut wurde, reagierten nicht nur die Bewohner des Quartiers mit großer Empörung. Repräsentierte dieser Turm doch die städtebaulichen Schrecken, die zu Beginn der 70er-Jahre weite Teile von Paris durch Flächenabriss und Sanierungsaktionen regelrecht zerstörten. Und noch bis heute ist er umstritten.
38 Sekunden braucht der Lift, um den Besucher bis zur 56. Etage zu fahren, von wo aus er einen fantastischen Blick über Paris und die Umgebung genießen kann – an klaren Tagen bis zu 40 km weit.
Montparnasse • 33, ave. du Maine • 75015 • Métro: Montparnasse-Bienvenue (c 5) • www.tour montparnasse56.com • Okt.–März tgl. 9.30–22.30, April–Sept. tgl. 9.30–23.30 Uhr

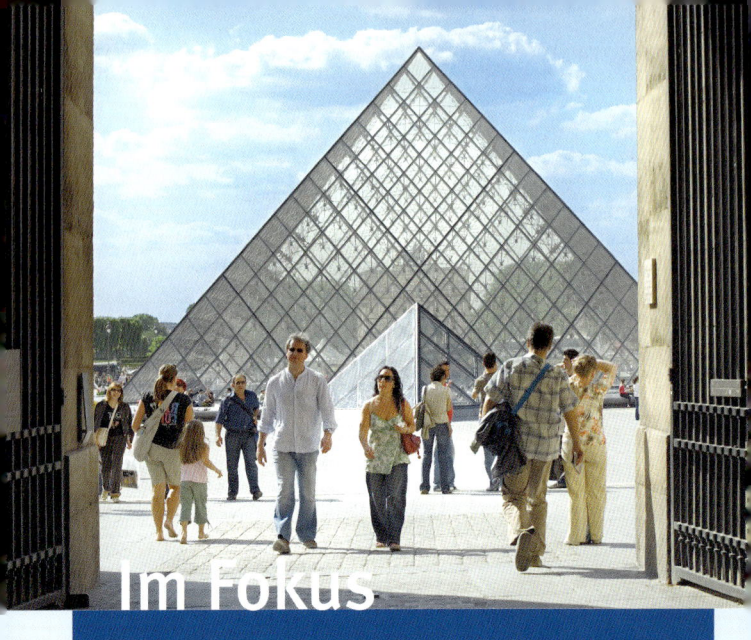

Im Fokus

Der Louvre – 35 000 Gemälde und Kunstobjekte aus allen Kulturen und allen Jahrhunderten machen den Louvre zum größten Kunstmuseum der Welt.

Wie, von welcher Seite sich ihm beim ersten Mal nähern? Am schönsten vom Westen her, wenn die Nachmittagssonne ihr goldenes Licht über die Tuilerien-Gärten mit ihren großen Rasenflächen, marmornen Skulpturen, prächtigen Blumenbeeten, Wasserrondellen und flanierenden Menschen hinweg auf die hellen Sandsteinfassaden des **Louvre** 7 wirft und den ehemaligen Königspalast in seiner ganzen Großartigkeit erstrahlen lässt. Bis zur Großen Revolution war der Louvre die Residenz der französischen Könige. Erst 1793, nachdem ihre Köpfe unter der Guillotine auf der Place de la Concorde gerollt waren, wurden seine Portale dem Volk geöffnet. In-

zwischen ist er das größte und meistbesuchte Museum der Welt mit der gläsernen Pyramide als Haupteingang, in die jährlich bis zu acht Millionen Gäste strömen. Sie kommen aus allen Ecken der Erde, sprechen alle Sprachen, wollen alle die »Mona Lisa« und die »Venus von Milo« sehen; die Mehrzahl war gebannt von Dan Browns Religionsthriller »Sakrileg – The Da Vinci Code«. Aber es kommen, wie man vielleicht annehmen könnte, nicht nur die Touristen. Die Franzosen lieben ihren Louvre, sie reisen aus der Provinz an und halten sich mit der gesamten Familie lange Stunden dort auf, Schulklassen machen hier ihren regelmäßigen Besuch, und kein Pari-

◄ Ein weiteres Wahrzeichen Paris': die gläserne Pyramide im Innenhof des Louvre.

ser würde mit seinen Freunden aus dem Ausland nicht als Allererstes in den Louvre gehen. Einzigartige Vergünstigungen für Jugendliche und der eintrittsfreie erste Sonntag im Monat tragen dazu bei, dass 40 Prozent der Museumsbesucher unter 26 Jahre alt sind – ein seltenes Phänomen.

Mona Lisas Lächeln

Der Louvre ist ein Museum, für das man sehr viel Zeit braucht. 35 000 Kunstobjekte sind in den drei Flügeln Sully, Denon und Richelieu ausgestellt, weitere 400 000 Stücke lagern in den Kellern. In der Eingangshalle unter der Pyramide gibt es einen Informationsplan, und es gibt eine Reihe von Cafés, in denen man ihn in Ruhe studieren kann. Erst einmal dem Menschenstrom folgen, dem das Schild »La Joconde« die Richtung weist? Vielleicht. Denn die schöne Florentinerin, von Leonardo da Vinci von 1503 bis 1505 gemalt, muss man wenigstens einmal gesehen haben. »La Joconde« ist übrigens die französische Übersetzung des italienischen »La Gioconda«, Ehefrau des Francesco del Giocondo.
Zurück zum Blick auf den Informationsplan. Kunst aus Ägypten, Griechenland, Afrika, Asien, Südamerika im Denon-Gebäude, deutsche, flämische und holländische Gemälde im Richelieu-Gebäude. Die Franzosen des 17., 18. und 19. Jh. im Sully-Flügel. Vor dem großformatigen Gemälde »La liberté guidant le peuple« (Die Freiheit führt das Volk) des französischen Romantikers Eugène Delacroix (1798–1863) hat sich eine Menschentraube gebildet. Was schrieb doch Heinrich Heine nach seinem Besuch der Gemäl-deausstellung im Salon du Louvre am 31. Oktober 1831: »Ich wende mich zu Delacroix, der ein Bild geliefert, vor welchem ich immer einen großen Volkshaufen stehen sah, und das ich also zu denjenigen Gemälden zähle, denen die meiste Aufmerksamkeit zuteil geworden.«
Ein berühmtes Bild, auf dem Delacroix die drei Tage der Julirevolution von 1830 zum Thema macht: Die französische Trikolore und ein Gewehr mit aufgesetztem Bajonett schwingend, erstürmt eine barfüßige junge Frau mit entblößten Brüsten eine hölzerne Barrikade. In ihrem Gefolge bewaffnete Bürger, vor ihr liegen drei Leichen: die siegesgewisse »Liberté«, die den Kampf um die Menschen- und Bürgerrechte anführt und gewinnt. »Heilige Julitage!«, jubiliert der 34-jährige Heinrich Heine: »Wie schön war die Sonne und wie groß war das Volk von Paris! Die Götter im Himmel, die dem großen Kampfe zusahen, jauchzten vor Bewunderung, und sie wären gerne aufgestanden von ihren goldenen Stühlen und wären gerne zur Erde herabgestiegen, um Bürger zu werden von Paris!«

Den Blick schweifen lassen

Am Mittwoch- und am Freitagabend hat der Louvre bis 22 Uhr geöffnet. Millionen von Lichtern erleuchten jetzt die Stadt, prachtvoll der Blick in Richtung Kleiner Triumphbogen und Tuilerien, die Champs-Élysées hinauf bis zum Arc de Triomphe. Seit dem Sommer 2012 zieht ein unterirdischer Erweiterungsbau in der Cour de Visconti die Besucher an: Unter einer spektakulären Dachkonstruktion verbirgt sich jetzt die prächtige Sammlung Islamischer Kunst.

Museen und Galerien Unzählige
bedeutende Kunstsammlungen von antik bis avantgardis-
tisch machen die Wahl schwer ... Paris wartet mit einer
ganzen Reihe weltberühmter Exponate auf.

◄ Spektakulärer Empfang: Im Louvre
(▸ S. 93) windet sich eine Treppe elegant
und führt zu den Sammlungen.

Die Kunstlawine droht den Besucher
zu überrollen, und es sei ihm geraten, sich in den Museumstempeln
gewisse Bereiche herauszusuchen
und diese gezielt anzusteuern. Die
meisten staatlichen Museen haben
dienstags geschlossen, städtische
Museen und Kulturstätten haben generell montags ihren Ruhetag.
Die Eintrittspreise (zwischen 6 und
12 €) sind recht hoch. Es lohnt sich
deshalb der Kauf des **Paris Museum
Pass** (▸ S. 130). An Sonn- und Feiertagen gewähren die meisten staatlichen Häuser freien Eintritt. Wer die
Menschenschlangen vor den populären Kunsttempeln fürchtet, sollte
sich die **Nocturnes**, die Abendöffnungen, merken. Bereits zu Hause
kann man sich über Inhalte und Öffnungszeiten der Museen unter www.
paris.org/Musees informieren.

MUSEEN

Centquatre   ▸ S. 140, B 9

Neuestes Flagschiff der Pariser Kulturpolitik. Das Konzept: Kultur zum
Anfassen. In den Hallen eines ehemaligen städtischen Bestattungsinstituts öffnen Architekten, Bildhauer,
Filmemacher und Designer ihre Ateliers und lassen sich bei der Arbeit
über die Schulter schauen.
Belleville • 104, rue d'Aubervilliers •
75019 • Métro: Riquet, Crimée (e 2) •
www.104.fr • Di–Sa 11–23, So,
Mo 11–20 Uhr

La Cité de l'Architecture
et du Patrimoine   ▸ S. 137, E 4

Das »größte Architektur-Museum
der Welt« präsentiert die Geschich

te der französischen Architektur seit
dem 12. Jh. 2300 qm Fläche sind für
Wechselausstellungen zum Thema
zeitgenössische Architektur reserviert. Spektakulär: die Rekonstruktion eines Appartements des berühmten Architekten Le Corbusier
von 1952.
Trocadéro • 1, pl. du Trocadéro •
75016 • Métro: Trocadéro (b 4) • Tel.
01/58 51 52 00 • www.citechaillot.fr •
Mi–Mo 11–19, Do bis 21 Uhr • Eintritt
8 €, Kinder frei

Cité Nationale de l'Histoire
de l'Immigration   ▸ S. 147, F 24

Die Dauerausstellung – Themenschwerpunkt: Immigration, Leben
in Frankreich, Vielfalt der Kulturen –
macht anhand von diversem Foto-
und Filmmaterial und symbolischen
Gegenständen wie Koffern, Nähmaschinen, Musikinstrumenten etc.
die Problematik deutlich, der sich die
Einwanderer ausgesetzt sahen.
Bastille • 293, av. Daumesnil •
75012 • Métro: Porte Dorée (e 5) •
www.histoire-immigration.fr •
Di–Fr 10–17.30, Sa, So 10–19 Uhr •
Eintritt 5 €, Kinder frei

Cité des Sciences et
de l'Industrie   ▸ S. 141, nördl. D 9

Im gigantischen Wissenschafts- und
Technikmuseum im Park von **La
Villette** gibt es auf 30 000 qm Ausstellungsfläche spannende Darstellungen wissenschaftlicher, medizinischer und industrieller Themen,
zudem das Riesenkino **La Géode**
(▸ S. 49). Das Gelände umfasst überdies einen Aktionspark, Spielplätze
und den legendären Rockpalast **Le
Zénith** (Tel. 01/49 87 50 50).
Villette • Parc de la Villette, 30,
av. Corentin Cariou • 75019 •

Métro: Porte de Pantin, Porte de la Villette (e 2) • www.cite-sciences.fr • Di–Sa 10–18, So 10–19 Uhr • Eintritt 8 €

Fondation Cartier pour l'Art Contemporain ▶ S. 145, D 19

In der Zentrale des berühmten Juwelierhauses – einem imposanten Bau aus Glas und Stahl, errichtet nach den Plänen des französischen Architekten Jean Nouvel – stehen 1600 qm Ausstellungsfläche für zeitgenössische Kunst zur Verfügung.
Montparnasse • 261, bd. Raspail • 75014 • Métro: Raspail, Denfert-Rochereau (c 5) • www.fondation.cartier.fr • Di–So 11–20, Di bis 22 Uhr • Eintritt 9,50 €, Kinder frei

Fondation Henri Cartier-Bresson ▶ S. 144, C 19

Der berühmte französische Fotograf Cartier-Bresson (1908–2004) selbst legte zusammen mit seiner Frau, der Fotografin Martine Franck, den Grundstein für seine Stiftung. Neben Fotoausstellungen, die regelmäßig gezeigt werden, kann man sich Filme anschauen oder im Archiv arbeiten. Man achte auf die Stühle von Le Corbusier.
Montparnasse • 2, impasse Lebouis • 75014 • Métro: Gaîté (c 5) • www.henricartierbresson.org • Di–Fr und So 13–18.30, Mi 18.30–20.30, Sa 11–18.45 Uhr • Eintritt 6 €

Galerie-Musée Baccarat ▶ S. 137, E4

Von Philippe Starck entworfener Show-Room der berühmten französischen Kristall-Manufaktur Baccarat. Seit mehr als zwei Jahrhunderten illuminieren die Kristallleuchter von Baccarat Königshäuser und Prä-sidentenpaläste, Kathedralen und Theater auf der ganzen Welt. Vor den Augen des Besuchers breiten sich die schönsten Kreationen aus Kristall aus: Lampen, Vasen, Schmuck, Accessoires.
Chaillot • 11, pl. des États-Unis • 75016 • Métro: Boissière (b 3/b 4) • www.baccarat.fr • Mo–Sa 10–18.30 Uhr • Eintritt 5 €

Galeries nationales du Grand Palais ▶ S. 138, A 8

Dieses Gebäude aus Eisen und Glas, eigens für die Weltausstellung 1900 erbaut, wurde von Grund auf renoviert und erstrahlt seit 2007 in neuem Glanz. Wunderschön ist die riesige Glaskuppel, unter der große Kunstausstellungen und Messen stattfinden.
Champs-Élysées • 3, av. du Général-Eisenhower • Métro: Champs-Élysées Clémenceau (c 3) • www.grandpalais.fr • Mo, Do–So 10–20, Mi 10–22 Uhr • Eintritt 12 €, Kinder frei

Jeu de Paume ▶ S. 138, C 8

In einem Haus in den Tuilerien-Gärten hat das Centre National de la Photographie seinen Sitz. Ausstellungen international renommierter Fotografen, Videos. Mit Café.
Tuilerien • 1, pl de la Concorde • 75008 • Métro: Concorde (c 3) • www.jeudepaume.org • Di 12–21, Mi–Fr 12–19, Sa, So 10–19 Uhr • Eintritt 8,50 €, erm. 5,50 €

Maison de Balzac ▶ S. 143, D 13

Insgesamt 16-mal musste der große Autor der »Comédie Humaine« in Paris umziehen, weil er stets verschuldet und vor seinen Gläubigern auf der Flucht war. 1840 landete Balzac in diesem charmanten Gartenhaus im vornehmen Passy, an dem ihm besonders der zur kleinen Rue Berton führende »Notausgang« gefiel. Das Arbeitszimmer des Dichters ist unverändert geblieben.

Passy • 47, rue Raynouard • 75016 • Métro: Passy (b 4) • www.balzac. paris.fr • Di–So 10–18 Uhr • Eintritt 4,50 €, Kinder frei

Maison Européenne de la Photographie ▶ S. 103, a/b 3

Das »Haus der europäischen Fotografie« liegt im Marais. Dauersammlungen und Wechselausstellungen.

Marais • 5–7, rue de Fourcy • 75004 • Métro: St-Paul (d 4) • www.mep-fr.org • Mi–So 11–20 Uhr • Eintritt 7,50 €, Kinder frei

Maison de Victor Hugo
▶ S. 146, A/B 21

Frankreichs bedeutender Dichter und Philosoph (1802–1885) bewohnte das ehemalige Hotel Rohan-Guéméné von 1832 bis 1848. Zu seinem 100. Geburtstag richtete ihm der französische Staat im zweiten Stock des Hauses ein Museum ein. Hier liegen Hunderte von Notizen, Briefen und das Manuskript der »Elenden« unter Glas. Über 400 Zeichnungen zeugen von der vielseitigen Begabung des Romanciers.

Marais • 6, pl. des Vosges • 75004 • Métro: St-Paul (d 4) • www.musee-hugo.paris.fr • Di–Mo 10–18 Uhr • Eintritt frei

Manufacture Nationale des Gobelins
▶ S. 145, F 20

Die Galerie des Gobelins lädt zur Besichtigung ihrer großartigen Sammlung historischer und zeitgenössischer Wandteppiche ein. Im 15. Jh. hatten sich südlich des Quartier Latin erste Handwerker niedergelassen, darunter ein Jean Gobelin

Cartier-Bresson gehört sicherlich zu den wichtigsten Fotografen Frankreichs – dem wird in der eleganten Fondation Henri Cartier-Bresson (▶ S. 88) Rechnung getragen.

aus der Champagne, Inhaber einer Reinigung. Zahlreiche Färber, Gerber und Teppichweber waren nachgezogen und hatten ihre Ateliers gegründet. 1662 wurden die verschiedenen Manufakturen im Auftrag der Krone zusammengeschlossen und unter Ludwig XIV als Manufacture Royale des Tapisseries de la Couronne, als Königliche Textilmanufaktur, weitergeführt. Fünf Jahre später wird die Manufacture Royale des Meubles angegliedert, eine Möbelwerkstatt, in der die besten Kunsttischler, Silberschmiede und Teppichweber des Landes den Louis-Quartorze-Stil erarbeiten. Noch heute sind in der Manufaktur rund 30 Experten mit der Restaurierung historischer Wandteppiche und der Anfertigung herrlicher Stoffe und Tapisserien beschäftigt – vorwiegend im Auftrag der französischen Botschaften weltweit.

Les Gobelins • 42, av. des Gobelins • 75013 • Métro: Gobelins (d 5) • Führungen Di, Mi, Do 13, 14.45 und 15 Uhr • Eintritt 11 €, Kinder frei

Mémorial de la Shoah
▶ S. 145, F 17

Die 1956 geschaffene Gedenkstätte für die Opfer des Holocaust im Stadtteil Marais wurde inzwischen um 5000 qm erweitert. In dem mächtigen Kubus mit der fensterlosen Hauptfassade erinnern ein Museum, Wechselausstellungen, Forschungseinrichtungen und Veranstaltungen an die Verfolgung und Ermordung europäischer Juden. Herzstück der Gedenkstätte ist die Dauerausstellung, die das gesamte zweite Souterrain-Geschoss einnimmt. Sie dokumentiert die Chronologie jüdischen Schicksals in Frankreich und Europa in der Zeit vor und nach dem Ersten Weltkrieg. Im Januar 2005 wurde sie von Staatspräsident Jacques Chirac eingeweiht.

Marais • 17, rue Geoffroy-l'Asnier • 75004 • Métro: St-Paul (d 4) • www.memorialdelashoah.org • So–Fr 10–18, Do bis 22 Uhr • Dauerausstellung Eintritt frei

Musée d'Art et d'Histoire du Judaïsme
▶ S. 139, F 8

Ausgangspunkt der Kollektion des Jüdischen Museums war eine private Sammlung, die jüdische Bürger 1948 zusammengetragen hatten, um jüdisches Kulturgut nach dem Holocaust zu sichern. Das Museum präsentiert eindrucksvoll im Hôtel Saint-Aignan im Marais die Kulturgeschichte der Juden in Europa und vor allem in Frankreich. Zu den wichtigen Dokumenten zählt Émile Zolas berühmter Aufruf »J'accuse« in der Pariser Tageszeitung »L'Aurore« aus dem Jahr 1898.

Beaubourg • 71, rue du Temple • 75003 • Métro: Rambuteau (d 4) • www.mahj.org • Mo–Fr 11–18, So 10–18 Uhr • Eintritt 7 €

Musée des Arts Décoratifs
▶ S. 139, D 8

Das Pariser Kunstgewerbemuseum, untergebracht im westlichen Seitenflügel des Louvre, birgt wahre Schätze! Zu sehen sind 6000 Exponate der insgesamt 150 000 Objekte umfassenden Sammlung. Schwerpunkt: französische Möbel, Porzellane und Teppiche vom Mittelalter bis heute.

Tuilerien • 107, rue de Rivoli • 75001 • Métro: Musée du Louvre (c 4) • www.lesartsdecoratifs.fr • Di, Mi, Fr 11–18, Do 11–21, Sa, So 10–18 Uhr • Eintritt 9 €

Das Mémorial de la Shoah (▶ S. 90) verfügt über einen großen Reichtum an historischen Dokumenten, besticht aber auch durch seine architektonische Schlichtheit.

Musée d'Art Moderne
de la Ville de Paris ▶ S. 137, F 4

Das Museum für Moderne Kunst zeigt in der Dauerausstellung Werke von Dufy, Derain, Modigliani, Utrillo, Braque und Matisse. Interessante Wechselausstellungen.
Chaillot • 11, av. du Président Wilson • 75016 • Métro: Alma-Marceau (b 4) • www.mam.paris.fr • Di–So 10–18, Do bis 22 Uhr • Dauerausstellung Eintritt frei

Musée Bourdelle ▶ S. 144, B 19

Nichts hat sich hier seit dem Tod des Bildhauers Antoine Bourdelle 1929 – er assistierte Rodin – verändert. Zu sehen sind rund 900 Skulpturen und zahlreiche Ölgemälde.
Montparnasse • 18, rue Antoine Bourdelle • 75015 • Métro: Falguière (c 5) • www.bourdelle.paris.fr • Di–So 10–18 Uhr • Eintritt 7 €

Musée Carnavalet ▶ S. 146, A 21

In dem 1544 erbauten Stadtpalais lebte die Marquise de Sévigné (1626–1696), berühmt geworden durch die 1500 geistreichen Briefe an ihre Tochter. 1880 richtete die Stadt hier ein historisches Museum ein: Zeichnungen, Briefe, Erinnerungsstücke aus der Revolutionszeit, Möbel und bedeutende Kunstwerke dokumentieren die Geschichte Frankreichs ab der Zeit François I bis zur Belle Époque.

Marais • 23, rue de Sévigné • 75003 • Métro: St-Paul (d 4), Chemin-Vert (e 4) • www.carnavalet.paris.fr • Di–So 10–18 Uhr • Dauerausstellung Eintritt frei

Das Musée Guimet (▶ S. 92) ist ganz fernöstlicher Kunst gewidmet.

Musée de Cluny   ▶ S. 145, E 18

In dem ehrwürdigen Gebäude in Saint-Germain aus dem 15. Jh. werden kunstgewerbliche Schätze aus dem Mittelalter ausgestellt. Berühmt: »Die Dame mit dem Einhorn«, eine sechsteilige Gobelinreihe.

Quartier Latin • 6, pl. Paul Painlevé • 75005 • Métro: Cluny-La Sorbonne (d 4) • www.musee-moyenage.fr • Mi–Mo 9.15– 17.45 Uhr • Eintritt 8 €, Kinder frei

Musée Eugène Delacroix

▶ S. 145, D 17

Das Haus des romantischen Malers (1798–1863) liegt an einem der stimmungsvollsten Plätze in Saint-Germain-des-Prés. Hier sind Möbel, Briefe und Skizzenblätter aufbewahrt. Wandmalereien von Delacroix sind in der nahen Kirche Saint-Sulpice zu sehen.

St-Germain • Pl. Furstemberg • 75006 • Métro: St-Germain-des-Prés (c 4) • www.musee-delacroix.fr • Mi–Mo 9.30–17 Uhr • Eintritt 5 €, Kinder frei

Musée Grévin 👫   ▶ S. 139, E 7

Das Wachsfigurenkabinett gehört zu den besonderen Attraktionen der Stadt. Stars aus Politik, Theater und Film sind hier in Kopie vertreten.

Montmartre • 10, bd. Montmartre • 75009 • Métro: Grands Boulevards (d 3) • www.grevin.com • Mo–Fr 10–18.30, Sa, So 10–19 Uhr • Eintritt 21 €, Kinder 13 €

Musée Guimet   ▶ S. 137, E 4

Hier sind unzählige Kostbarkeiten zu sehen, die der Industriellensohn Émile Guimet (1836–1919) von seinen Reisen in den Fernen Osten mitbrachte. Die Exponate bestehen aus Kunst- und Kultobjekten aus Afghanistan, Pakistan, China, Indochina, Tibet und Japan. Besonders sehenswert: ein buddhistischer Tempel.

Passy • 6, pl. d'Iéna • 75016 • Métro: Iéna (b 4) • www.guimet.fr • Mi–Mo 10–18 Uhr • Eintritt 7,50 €, Kinder frei

Musée Gustave Moreau

▶ S. 139, D 6

Das Museum für den Maler (1826–1898) mit der Vorliebe für orien-

talisch-fantastische Stoffe wurde bereits im Jahre 1902 eröffnet und zeigt rund 800 Gemälde, 7000 Zeichnungen sowie 350 Aquarelle – der Museumsbestand ist so reich, dass eine große Zahl der Werke in Schränken mit unzähligen Schubfächern verborgen ist, die der interessierte Besucher alle aufziehen kann. Die liebevoll im Originalzustand hergerichtete Wohnung des Künstlers kann seit 1991 besichtigt werden.
Pigalle • 14, rue La Rochefoucauld • 75009 • Métro: Trinité (c 3) • www. musee-moreau.fr • Mi–Mo 10–12.45 und 14 –17.15 Uhr • Eintritt 5 €, Kinder frei

Musée de l'Histoire de France
▶ S. 146, A 21

In einer der vornehmsten und ältesten Residenzen von Paris, dem Hôtel de Soubise im Stadtteil Marais, wird französische Geschichte anschaulich dokumentiert.
Beaubourg • 60, rue des Francs-Bourgeois • 75003 • Métro: Rambuteau (d 4) • Mi–Mo 10–12.30 und 14– 17.30, Sa, So 14–17.30 Uhr • Eintritt 4 €, Kinder frei

Musée de l'Orangerie
▶ S. 138, C 8

Hier ist die Sammlung des großen Kunsthändlers Paul Guillaume zu sehen. Höhepunkt sind die Seerosenbilder Monets, die der Künstler für die beiden ovalen Räume im Souterrain der Orangerie malte. Außerdem: Werke von Cézanne, Renoir, Matisse, Soutine, Modigliani, Picasso.
Concorde/Tuileries • Pl. de la Concorde • Jardin des Tuileries • 75001 • Métro: Concorde (c 4) • www.musee-orangerie.fr • Mi–Mo 9–18 Uhr • Eintritt 7,50 €

Musée du Louvre
▶ S. 145, D 17

Die Anfänge des Louvre gehen auf das Jahr 1190 zurück, in dem Philippe II Auguste eine Festung anlegen ließ (sie wurde bei den Bauarbeiten am Louvre freigelegt und ist in einer Katakombe unter dem neuen Sully-Trakt zu besichtigen – eine Attraktion). 800 Jahre lang bauten Frankreichs Könige an ihrem Palast, der erst mit dem Ende der Französischen Revolution 1793 als Kunstmuseum (▶ Im Fokus, S. 84) der Öffentlichkeit zugänglich gemacht wurde. Architektonisch besonders

WUSSTEN SIE, DASS …
… im reichen Öl-Emirat Abu Dhabi ein französisches Museum gebaut wird, das 30 Jahre lang den Namen Louvre tragen darf?

schön: die klassizistische Kolonnadenfassade im Osten, die aus der Renaissance stammende Ufer-Galerie (Lescot-Fassade) und der quadratische Schlosshof Cour Carré.
Das größte Kunstmuseum der Welt wurde 1981 unter Staatspräsident Mitterrand im Zuge des Projekts »Grand Louvre« modernisiert. Die Besucher gelangen durch eine vom US-chinesischen Star-Architekten Ieoh Ming Pei konzipierte gläserne Pyramide über die unterirdische, lichtdurchflutete Napoléon-Halle in das gigantische Museum. Von der Halle (mit Cafés, Buchhandlung etc.) führen drei Flügel – Denon, Sully, Richelieu – in die 198 Säle des Louvre, die Schatzkammer der Kunst aller Kulturen.
Zu den Highlights des Museums gehören: »Mona Lisa«, »Venus von

Milo« und »Nike von Samothrake«. Hervorragende ägyptische, griechische und römische Sammlung. Niederländische, altdeutsche und französische Meister des 16. und 17. Jh., Italiener bis 17. Jh., Spanier, Flamen und Franzosen des 18. und 19. Jh. Berühmt ist die Galerie Médicis mit 21 Gemälden von Rubens.
Louvre • Pl. du Louvre • 75001 • Métro: Palais Royal (c 4) • www. louvre.fr • Mi–Mo 9–18, Mi und Fr bis 21.45 Uhr • Eintritt 11 € • Fr ab 18 Uhr für Jugendliche bis 26 Jahre und 1. So im Monat frei

Musée Maillol ▸ S. 144, C 17

Die 1995 eröffnete Ausstellung der Werke des berühmten Bildhauers in einer Stadtvilla in Saint-Germain ist der Initiative des früheren Maillol-Modells Dina Vierny zu verdanken.
St-Germain • 59–61, rue de Grenelle • 75007 • Métro: Rue du Bac (c 4) • www.museemaillol.com • Sa–Do 10.30–19, Fr 10.30–21 Uhr • Eintritt 11 €, Kinder frei

Musée Marmottan ▸ S. 142, C 13

Die berühmte Sammlung von Werken Claude Monets ist außergewöhnlich präsentiert: An teilweise runden Wänden hängen die großformatigen Seerosen- und Gartenbilder. Außerdem Werke von Renoir, Sisley oder Pissarro.
Passy • 2, rue Louis-Boilly • 75016 • Métro: La Muette (b 4) • www. marmottan.com • Di–So 11–18 Uhr • Eintritt 10 €, Kinder frei

Musée de la Mode et du Textile
▸ S. 139, D 8

Die im **Pavillon de Marsan** (der zum Louvre gehört) untergebrachte Sammlung prächtiger Gewänder, Accessoires, Schuhe und Taschen aus dem 18., 19. und 20. Jh. ist einzigartig.
Louvre • 107, rue de Rivoli • 75001 • Métro: Palais Royal, Tuileries (c 4) • www.ucad.fr • Di, Mi, Fr 11–18, Sa, So 10–18, Do 11–21 Uhr • Eintritt 9 €, Kinder 7,50 €

Musée National d'Art Moderne – Centre Pompidou 👫 ▸ S. 139, F 8

In der bedeutenden Sammlung moderner Kunst im Centre Pompidou-Beaubourg sind Fauvismus (etwa Bilder von Matisse), Kubismus (Braque, Picasso, Gris), abstrakte Kunst der 1920er- bis 1960er-Jahre (Malevitch, Mondrian, Kandinsky), Surrealismus (Magritte, Dalí), Neuer Realismus (Arman, Christo), amerikanische Pop-Art (Warhol, Rauschenberg) und abstrakte amerikanische Kunst (Pollock, Johns) vertreten.
Im Zuge der Renovierungsarbeiten des 2000 wieder eröffneten Centre Pompidou wurde die Ausstellungsfläche des Museums für Moderne Kunst von 4500 qm auf sagenhafte 14 000 qm vergrößert.
Beaubourg • Centre Pompidou, 120, rue St-Martin • 75004 • Métro: Rambuteau, Chatelet (d 4) • www.centre pompidou.fr • Mi–Mo 11–21 Uhr • Eintritt 12 €

Musée National du Moyen Age/ Thermes de Cluny ▸ S. 145, E 18

Zu der Sammlung dieses Nationalmuseums für mittelalterliche Kunst am Boulevard Saint-Michel gehört die berühmte – und absolut sehenswerte – Tapisserie »La Dame à la licorne«, die Dame mit dem Einhorn, ein vollendet schöner, fein-farbiger Wandteppich, der aus den Niederlanden (15. Jh.) stammt. Das Gebäu-

de, im 14. Jh. von der Benediktiner-
abtei aus Cluny/Burgund als ihre
Pariser Residenz errichtet und seit
1844 das Mittelaltermuseum, ist eines der letzten Beispiele eines Privat-
hauses, wie es im Mittelalter gebaut
wurde. Insgesamt 2300 Ausstellungsstücke, von Gebrauchsgegenständen
über Kleidung bis zu Kunstobjek-
ten, sind hier untergebracht.

Beeindruckend sind die in das
Museum integrierten Thermen von
Cluny. Die römische Badeanlage
wurde zwischen dem 2. und 3. Jh. errichtet. Noch recht gut erhalten ist
lediglich das 21 m lange Kaltwasser-
bad, das Frigidarium, der Rest wurde
um 380 zerstört. An jedem 1. Sonntag im Monat ist der Eintritt frei!
Quartier Latin • 6, pl. Paul Painlevé •
75005 • Métro: Cluny-la-Sorbonne
(d 4) • www.musee-moyenage.fr •
Mi–Mo 9.15–17.45 Uhr • Eintritt
8,50 €

Musée d'Orsay   ▸ S. 144, C 17

1986 wurde die zur Weltausstellung
1889 errichtete Gare d'Orsay als
Hort für die Kunst des 19. Jh. eingeweiht – ursprünglich sollte die
imposante Bahnhofshalle aus der
Belle Époque abgerissen werden. Mit
der Innenausstattung des neuen
Museums wurde die italienische Ar-
chitektin Gae Aulenti beauftragt. In
dem als »multidisziplinär« konzipierten Museumstempel ist auf drei
Ebenen die Kunst von 1848 bis 1907
zu sehen: 2300 Bilder, 250 Zeichnungen, 1500 Skulpturen etc. Zum
Schönsten des Museums gehören die
impressionistischen Meister Monet,
Pissarro, Renoir, Sisley, van Gogh,
Cézanne.
St-Germain • 1, rue de la Légion
d'Honneur • 75007 • Métro: Solférino
(c 4) • www.musee-orsay.fr • Di–So
9.30–18, Do 9.30–21.45 Uhr • Eintritt 12 €, Kinder frei

Vom Abrissprojekt zum glanzvollen Museum: Das Musée d'Orsay (▸ S. 95) überzeugt
durch eine gelungene Präsentation der Gemälde und Skulpturen.

Musée du Petit Palais
▸ S. 138, B 8

Mit dem gegenüberliegenden Grand Palais zur Weltausstellung 1900 gebaut, beherbergt das Museum Belle-Époque-Möbel und Gobelins.
Champs-Élysées • Av. Winston-Churchill • 75008 • Métro: Champs-Élysées Clemenceau (c 3) • www.petitpalais.paris.fr • Di–So 10–18 Uhr • Dauerausstellung Eintritt frei

Musée Picasso   ▸ S. 146, A 21

Als der Meister 1973 starb, hinterließ er ein überreiches Lebenswerk, und die Erben zahlten die Erbschaftssteuer an den französischen Staat mit einer Schenkung: Seit 1985 kann sich der Besucher ein komplettes Bild von den verschiedenen Schaffensphasen des Spaniers machen, von der Rosa und Blauen Periode über den Kubismus bis zu seinen abstrakten Werken. Picassos Kunst – Gemälde, Collagen, Skulpturen, Zeichnungen, Keramik – hat in einem wunderbaren Gebäude aus dem 17. Jh. Platz gefunden: das Hôtel Salé im Marais, der »Salzpalast«, 1656 von Pierre Aubert de Fontenay erbaut. Wegen Renovierungsarbeiten wird das Museum erst im Frühjahr/Sommer 2013 wieder geöffnet sein.
Marais • 5, rue de Thorigny • 75003 • Métro: St-Paul(d 4), Filles du Calvaire (e 3) • www.musee-picasso.fr

Musée du Quai Branly
▸ S. 137, F 4

Frankreichs neuester Kunsttempel. Nähe Eiffelturm. Das von Jean Nouvel konzipierte Museum präsentiert rund 3500 Werke der Kulturen Afrikas, Asiens, Ozeaniens, Nord- und Südamerikas. Tolles Restaurant.

Im neuen Musée du Quai Branly (▸ S. 96) nahe dem Eiffelturm werden Exponate außereuropäischer Kunst präsentiert – in sehr modernem Rahmen.

St-Germain • 37, quai Branly • 75007 •
Métro: Alma Marceau (b 4) • www.
quaibranly.fr • Di, Mi, So 11–19,
Do–Sa 11–21 Uhr • Eintritt 8,50 €,
Kinder frei

Musée Rodin   ▶ S. 144, B 17

In diesem Palais lebte von 1908 bis
1917 der Bildhauer Auguste Rodin
(1840–1917), bei dem Rainer Maria
Rilke als Sekretär arbeitete. Nach
dem Tod des Künstlers richtete
der französische Staat hier ein Museum ein, das Rodins Nachlass, seine
Kunstsammlung (Impressionisten)
und Werke seiner Gefährtin Camille
Claudel zeigt.
Invalides • 77, rue de Varenne •
75007 • Métro: Varenne (c 4) •
www.musee-rodin.fr • Di–So 10–
17.45, Okt.–März bis 16.45 Uhr •
Eintritt 6 €, Kinder frei

Musée de la Vie Romantique
▶ S. 139, D 6

Das Museum beherbergt den Salon
von George Sand und andere Erinnerungen an das Paris von 1820 bis 1850.
Pigalle • 16, rue Chaptal • 75009 •
Métro: Pigalle (c 2) • www.vie-
romantique.paris.fr • Di–So 10–
18 Uhr • Eintritt Dauerausstellung
frei

Musée du Vin   ▶ S. 143, D 13

Schöne Sammlung alter Flaschen,
Gläser, Fässer, Korken, Geräte. Wein-
probe und Weinverkauf.
Passy • 3, rue des Eaux • 75016 •
Métro: Passy (b 4) • www.musee
duvinparis.com • Di–So 10–18 Uhr •
Eintritt 11,90 €

Musée Zadkine   ▶ S. 145, D 19

Atelier des weißrussischen Malers
und Bildhauers Ossip Zadkine

(1890–1967), der hier von 1928 bis
zu seinem Tod lebte.
Montparnasse • 100, rue d'Assas •
75006 • Métro: Vavin (c 5), RER: Port
Royal (d 5) • www.zadkine.paris.fr •
Di–So 10–18 Uhr • Eintritt 4 €,
Dauerausstellung frei

WUSSTEN SIE, DASS …

… die militanten Anti-Raucher-
Kampagnen eine Schließung des
Pariser Tabak-Museums zur Folge
hatten, dessen Bestände versteigert wurden?

Pinacothèque de Paris
▶ S. 138, C 7

Seit 2007 gibt es im Herzen von
Paris, ganz nahe der Madeleine, ein
neues Haus für die Kunst. Das privat geführte Museum zeigt auf seinen drei Etagen (insgesamt 2000 qm)
jährlich zwei bis drei Ausstellungen.
Zeitgenössisches in wunderschönem
historischen Rahmen.
Madeleine • 28, pl. de la Madeleine •
75008 • Métro: Madeleine (c 3) •
www.pinacoteque.com • tgl. 10.30–
18, Mi 10.30–21 Uhr • Eintritt
11,50 €, erm. 9,50 €

GALERIEN

Air de Paris   ▶ S. 146, B 24

Das 13. Arrondissement um die **Rue
Louise Weiss** ist eine feste Wegmarke
auf dem Pariser Parcours durch die
zeitgenössische Kunst. Eine trendige
Klientel lässt sich in dieser seit Neuestem sehr angesagten Gegend von
wechselnden Themenausstellungen
anlocken.
Gare d'Austerlitz • 32, rue Louise
Weiss • 75013 • Métro: Chevaleret (e 5) • www.airdeparis.com

Artcurial ► S. 138, A 7

Große Galerie und Auktionshaus. Klassische Moderne, Skulpturen, Plakate, Kunstbuchhandlung.
Champs-Élysées • 7, Rond Point des Champs-Élysées • 75008 • Métro: Franklin-Roosevelt (b 3) • www.artcurial.com

Fondation Pierre Bergé Yves Saint Laurent ► S. 137, F 4

Im März 2004 eröffnet, beherbergt das Haus eine fantastische Dokumentation des kreativen Genies.
Champs-Élysées • 3, rue Leónce-Reynaud • 75016 • Métro: Alma Marceau (b 4) • Tel. 01/44 31 64 31 • www.fondation-pb-ysl.net • tgl. außer Mo 11–18 Uhr

Claude Bernard ► S. 145, D 17

Die Galerie zeichnet sich durch ihr Skulpturenangebot aus. Auch Maler wie Hockney oder Botero.
St-Germain • 7, rue des Beaux-Arts • 75006 • Métro: St-Germain-des-Prés (c 4) • www.claude-bernard.com

Espace Claude Berri ► S. 139, F 8

Claude Berri, der im Januar 2009 in Paris starb, war einer der erfolgreichsten französischen Regisseure und Filmproduzenten – mit seinem Film »Willkommen bei den Sch'tis« landete er einen Welthit. Darüber hinaus war Berri aber auch ein begeisterter Sammler zeitgenössischer Kunst. In seinem Ausstellungsraum werden Werke aus seiner Privatsammlung gezeigt und Einzelausstellungen organisiert (u. a. Werke von Bruce Nauman, Dan Flavin, Paul McCarthy, Giorgio Morandi, Man Ray, Installationen des Franzosen Gilles Barbier).

Beaubourg • 8, rue Rambuteau • 75003 • Métro: Rambuteau (d 4)

Chantal Crousel ► S. 140, A 11

Hochkarätige zeitgenössische Kunst: Tony Cragg, Cindy Sherman, Jenny Holzer, Jochen Gerz, Sigmar Polke …
République • 11F, rue Léon Jouhaux • 75010 • Métro: Jacques Bousergant (d 3) • www.crousel.com

Marian Goodman ► S. 139, F 8

Große Galerie, in einem Hinterhof im Marais versteckt. Video-Installationen. Internationale Avantgarde.
Marais • 79, rue du Temple • 75003 Paris • Métro: Rambuteau (d 4) • www.mariangoodman.com

Karsten Greve ► S. 140, A 12

Der Kölner Galerist zeigt in großzügigen Räumen ein anspruchsvolles Programm zeitgenössischer Kunst.
Marais • 5, rue Debelleyme • 75003 • Métro: St-Sebastien-Froissart (e 4) • www.galerie-karsten-greve.com

Yvon Lambert ► S. 140, A 12

Einer der führenden französischen Galeristen für zeitgenössische Kunst mit einer Dependance in New York. In seiner Galerie hängen u. a. Amerikaner wie Sol Le Witt, Nan Goldin und Jenny Holzer, Douglas Gordon und Jonathan Monk. Gut sortierter Buchladen.
Marais • 108, rue Vieille-du-Temple • 75003 • Métro: Filles du Calvaire (e 3)

La Maison Rouge – Fondation Antoine-de-Galbert ► S. 146, B 22

Privat geführter Pariser Kunstraum. Gegründet auf Initiative des Sammlers Antoine de Galbert.

Bastille • 10, bd. de la Bastille •
75012 • Métro: Bastille (e 4) •
Tel. 01/40 01 08 81 • www.lamaison
rouge.org

New Galerie de France
▸ S. 145, F 17

Zu den Künstlern dieser einflussreichen Galerie gehören Constantin
Brancusi und Jean Dubuffet, Rebec-
ca Horn und Pierre Soulages.
Hôtel de Ville • 54, rue de la Verrerie •
75004 • Métro: Hôtel de Ville (d 4) •
www.newgaleriedefrance.com

Galerie Emmanuel Perrotin
▸ S. 146, A 21

2005 eröffnete Perrotin diese Galerie mit einer Sammelausstellung seiner Künstler von Maurizio Cattelan
über Sophie Calle bis zu Takashi
Murakami. Einer der Pariser Top-
Galeristen.

Marais • 76, rue de Turenne • 75003 •
Métro: St-Sébastíen-Froissard (e 4) •
www.galerieperrotin.com

Galerie Thaddaeus Ropac
▸ S. 140, A 12

Der Szene-Galerist aus Salzburg zeigt
zeitgenössische und US-amerikani-
sche Künstler wie etwa Andy Warhol,
Per Kirkeby und Mimmo Paladino.
Marais • 7, rue Debelleyme • 75003 •
Metro: Filles-du-Calvaire (e 3) •
www.ropac.net

Daniel Templon
▸ S. 139, F 8

Sehr renommierte Galerie, deren
Schwerpunkt auf Klassikern der
Avantgarde, italienischer Trans-
avantgarde und amerikanischer zeitgenössischer Kunst liegt.
Baubourg • 30, rue Beaubourg •
75003 • Métro: Rambuteau (d 4) •
www.danieltemplon.com

Beeindruckende Fassade und beeindruckendes Interieur in der Galerie Artcurial
(▸ S. 98) an den Champs-Élysées.

Jedes Stadtviertel bietet besonders schöne, versteckte Ecken – wie hier an der Kirche Saint-Protais im Marais –, die man am besten zu Fuß erkundet.

Spaziergänge
und Ausflüge

Fußgänger erleben die Stadt an der Seine ganz authentisch: Wandeln Sie auf den Spuren der Boheme oder lassen Sie sich in königlich-glanzvolle Zeiten entführen.

Durch das ehemalige Adelsviertel Marais – Auf den Spuren der Aristokraten

CHARAKTERISTIK: Eine kleine Tour durch das charmante Viertel im 3. Arrondissement, das mit der wechselvollen Pariser Geschichte mehrfach seinen Charakter änderte **DAUER:** etwa 2 Stunden **LÄNGE:** etwa 2,5 km **EINKEHRTIPP:** Le Dôme du Marais, 53, rue des Francs-Bourgeois, Tel. 01/42 74 54 17, www.ledome dumarais.fr €€ **FÜHRUNGEN DURCH DAS MARAIS:** Caisse des Monuments Historiques et des Sites (im Hôtel Sully), 62, rue St-Antoine, 75004, Tel. 01/42 74 22 22

KARTE ▶ S. 103 und S. 146, A 21–S. 145, F 17

Das auf dem rechten Seine-Ufer gelegene historische **Marais-Viertel** 🟠 ist eines der schönsten der Stadt: **Marais** bedeutet Sumpf, und es waren die Mönche des Templerordens, die diese Sümpfe im Mittelalter trockenlegten und Häuser bauten. Zwischen dem 16. und 18. Jh. entwickelte sich das Quartier zum aristokratischen Zentrum von Paris: Der Hofadel ließ sich elegante Stadtpalais bauen, die **Hôtels**, eine Mischung aus Wohnhaus und Palast, in denen die Kultur der »Salons« florierte.

Als der Sonnenkönig Louis XIV (1643–1715) seine Residenz von Paris nach Versailles verlegte, verlor das Marais an Attraktivität – die Adeligen suchten nach neuen Plätzen. Kleine Handwerksbetriebe und arme Leute zogen in das Marais, das sich nun sehr rapide veränderte und mit der Französischen Revolution vollends verfiel. Erst Charles de Gaulle und seinem Kultusminister André Malraux ist es in den 1960er-Jahren gelungen, das vom Abriss bedrohte Marais unter Denkmalschutz zu stellen und die meisten der historischen Gebäude und Palais zu restaurieren. Inzwischen gehört dieses Quartier zu den begehrtesten und teuersten Wohnvierteln von Paris.

Place des Vosges ▶ Hôtel de Sully

Die **Place des Vosges** 🟠 ist der älteste der großen Pariser Plätze und wohl auch der schönste; er wurde unter Henri IV (1589–1610) angelegt (Métro: Chemin Vert). Der von einheitlichen Fassaden aus hellem Stein und roten Ziegeln umschlossene Viereckplatz sollte sowohl dem Adel als auch dem Volk für seine Feste dienen. Die 36 Adelspaläste werden nur von zwei Gebäuden überragt, dem **Pavillon du Roi** in der Mitte der Südseite und dem **Pavillon de la Reine** direkt gegenüber – den Stadtwohnungen des Herrscherpaares. In der Nr. 14 hat Victor Hugo von 1832 bis 1848 gewohnt. 1902 wurde dem Dichter hier die **Maison de Victor Hugo** eingerichtet. Über die kleine Rue de Birague stößt man auf die alte Rue Saint-Antoine, wo einst Tischler und Möbelhändler ihre Werkstätten hatten. Hier, in der Nr. 62, liegt das **Hôtel de Sully** aus dem Jahr 1634 mit einem reich dekorierten frühbarocken Ehrenhof.

Hôtel de Sully ▶ Synagoge

Gehen Sie ein paar Schritte weiter auf der Rue Saint-Antoine und biegen Sie rechts in die Rue de Sévigné ein; in der Nr. 23 befindet sich das **Musée Carnavalet**, seit 1880 Stadtmuseum von Paris. In dem Stadt-palais lebte die Marquise de Sévigné von 1677 bis zu ihrem Tod 1696. Die Briefe an ihre Tochter sind weltbe-rühmt. Im **Hôtel Lamoignon**, Ecke Rue Pavée, kann man in der Bibliothèque Historique de Paris alte Bücher, Karten und Pläne der Stadt einsehen. Achten Sie auf die prächtig bemalte Decke im Lesesaal. In der Rue Pavée Nr. 10 befindet sich eine im Jugendstil (Hector Guimard) er-

baute **Synagoge** für die orthodoxen Juden, von denen viele in der Rue des Rosiers zu Hause sind.

Synagoge ▶ Musée de l'Histoire de France

An der Place Thorigny liegt das Hôtel Salé, das seit 1985 das **Musée Picasso** beherbergt und Besucherscharen an-zieht. In der Rue des Francs-Bour-geois Nr. 60 befindet sich das **Hôtel de Soubise** mit dem **Musée de l'His-toire de France**.

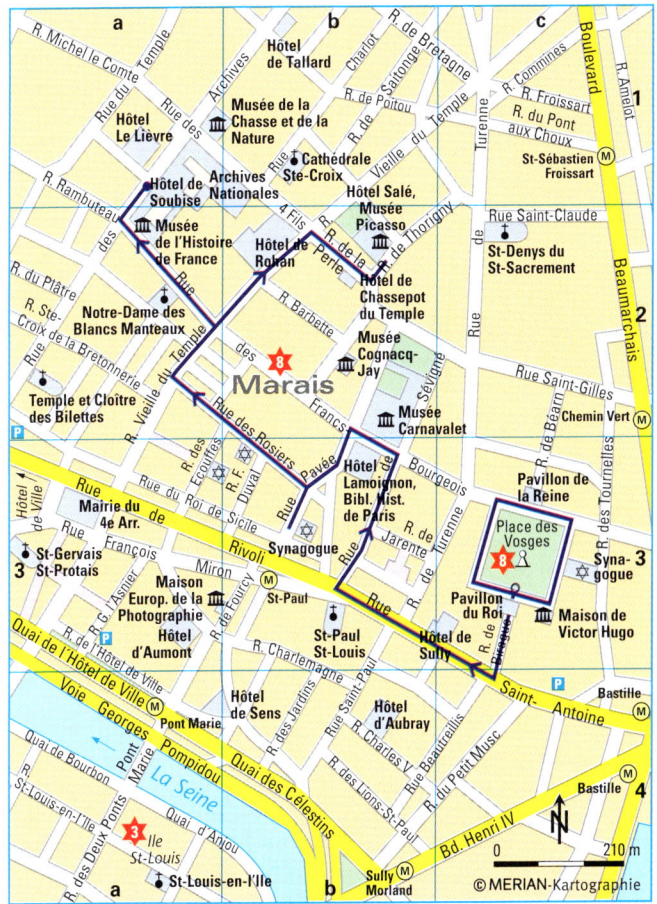

© MERIAN-Kartographie

Montparnasse – Viertel der Künstler und Literaten im Wandel der Zeit

CHARAKTERISTIK: Ein gemütlicher Spaziergang kreuz und quer durch das historische Viertel im 14. Arrondissement, einst bevorzugter Wohnort der Boheme
DAUER: etwa 3 Stunden **LÄNGE:** etwa 4 km **EINKEHRTIPP:** Closerie des Lilas,

171, bd. du Montparnasse, 75006, Tel. 01/43 26 75 50, www.close riedeslilas.fr €€

KARTE ▶ S. 105 und S. 144, C 19–B 19

Bevorzugtes Wohnzimmer vieler Literaten: die Closerie des Lilas (▶ S. 104).

Um die Wende zum 20. Jh. zog die Künstlerboheme vom Montmartre in dieses zu der Zeit ärmliche Handwerkerviertel am linken Ufer: Picasso und Braque, Léger und Derain, Matisse, Modigliani, Apollinaire, Max Jacob und viele andere trafen sich in den Kneipen des Quartiers und mieteten sich in den umliegenden Häusern ein.

In **La Coupole** pflegte James Joyce zu speisen. Morgen für Morgen konnte man hier Jean-Paul Sartre und Simone de Beauvoir sitzen sehen. Das **Le Sélect** war, so beobachtete der amerikanische Schriftsteller Harold

Stearns, »ein brodelndes Tollhaus voller Betrunkener, Halbbetrunkener und nüchterner Wahnsinniger«, in der **Rotonde** (Nr. 105) nebenan kritzelte Blaise Cendrars Gedanken aufs Papier, Picasso bevorzugte das **Dôme** (Nr. 108).

All diese Lokale gibt es immer noch, Montparnasse hingegen hat sich sehr verändert. Zumindest erinnern einige Museen, die sich in diesem Viertel etablierten, heute noch an die ehemalige Künstlergemeinde.

Balzac-Denkmal ▶ Clôserie des Lilas

Achten Sie auf das berühmte, von Rodin geschaffene Balzac-Denkmal auf dem Carrefour Vavin; von hier geht die kleine Rue de la Grande Chaumière ab: Im Haus Nr. 14 studieren seit Generationen Maler und Bildhauer in der **Académie de la Grande Chaumière**, der Kunstakademie. Geht man den Boulevard du Montparnasse ein Stück weiter hoch, kommt man zum legendären Garten-Restaurant mit Piano-Bar **Clôserie des Lilas**, vor langer Zeit ein Landgasthaus, wo die Postkutschen auf ihrem Weg von Paris nach Fontainebleau und Orléans ihre erste Pause einlegten. Im 19. Jh. wurde die Clôserie das Stammcafé vieler Literaten wie Baudelaire, Verlaine und Maler. Nach dem Ersten Weltkrieg kamen die Dadaisten und Surrealis-

ten, es folgten amerikanische Schriftsteller wie Hemingway, der das Café zu seinem Zuhause machte, wie er in »Paris – ein Fest für's Leben« schreibt. An der Bar erinnert ein Messingschild mit der Gravur »E. Hemmingway« an ihn.

Clôserie des Lilas ▶ Musée Bourdelle
Die Errichtung des Turms Maine-Montparnasse zog die Vernichtung eines ganzen Viertels nach sich. Fast-Food-Ketten, Riesenkinos und Billigrestaurants bestimmen heute das Bild. Gehen Sie den Boulevard wieder ein Stück zurück und biegen Sie links in die kleine Rue Campagne-Première ein. Im **Hotel Istria** wohnten einst Künstler wie Eric Satie auf Nr. 29 und Man Ray, der in der Nr. 31 sein Atelier hatte. Nun den Boulevard Raspail links hinunter

und zur winzigen Rue Schoelcher rechts einbiegen, wieder geradeaus, bis Sie auf die Rue Daguerre stoßen. Diese kleine, dörflich anmutende Marktstraße führt zum **Cimetière du Montparnasse**, auf dem u. a. Baudelaire und Sartre begraben liegen. Achten Sie auf den Mühlenturm in der Westecke aus dem 15. Jh.

Durchqueren Sie den Friedhof in Richtung Métro Montparnasse. Nur ein paar hundert Meter von dieser U-Bahn-Station entfernt, in der Rue Antoine Bourdelle, liegt das **Musée Bourdelle**, das Atelierhaus des Rodin-Schülers Antoine Bourdelle (1861–1929), das einen Besuch lohnt. Die dunkle Werkstatt mit ihren Drehbänken und rostigen Öfen ist noch originalbelassen, ebenso wie der verträumte Garten.

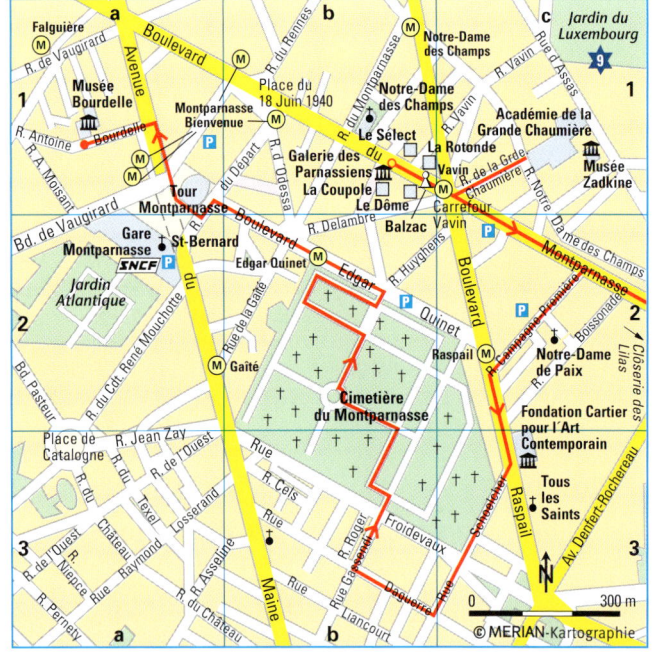

Montmartre – Romantisches Rotlichtviertel mit dörflichem Charme ✪

CHARAKTERISTIK: Ein Bummel durch das berühmt-berüchtigte Viertel im 18. Arrondissement, das nicht nur einige touristische Highlights zu bieten hat, sondern auch stille und beschauliche Plätze **DAUER:** 2–3 Stunden **LÄNGE:** etwa 2 km **EINKEHRTIPP:** La Fourmi, 74, rue des Martyrs, 75018, Tel. 01/42 64 70 35 €€

KARTE ▶ S. 107 und S. 139, D 6–E 6

Montmartre, das ist Pigalle, Moulin Rouge und French Cancan, Henry Miller, Toulouse-Lautrec und Place du Tertre. Das ehemalige Künstlerdorf, lange Zeit eine ländliche Gegend – noch im 19. Jh. war Montmartre ein Dorf mit etwa 30 Windmühlen, in dem sogar Wein angebaut wurde –, hat abseits der touristischen Pfade durchaus noch seinen dörflichen Charakter mit stillen Winkeln bewahren können.

Einst soll hier ein gallo-römischer Tempel gestanden haben, später machten die Christen den Mons Mercurii zum Berg der Märtyrer ihres Heiligen Dionysius (Saint-Denis), der, hier enthauptet, mit seinem Kopf in der Hand bis Saint-Denis gewandert sein soll.

Moulin Rouge ▶ Place Émile Goudeau
Steigen Sie an der Métrostation Blanche aus. Ihr Blick fällt auf Henri de Toulouse-Lautrecs Stammlokal **Moulin Rouge** mit der roten Windmühle über dem Eingang. Der Maler hatte sich 1886 auf dem Montmartre niedergelassen – als passionierter Beobachter des Lebens in den Cafés, Kabaretts und Tanzlokalen. Die Rue Lepic ist eine farbenfrohe Marktstraße, in Nr. 54 lebte van Gogh bei seinem Bruder Theo. In einem Café dieser pittoresken Straße wurde übrigens der Kino-Hit »Amélie« gedreht. Gehen Sie die lebendige Rue des Abbesses rechts hinauf bis zur Métrostation Abbesses: Die wunderschöne grüne Jugendstilüberdachung stammt von Hector Guimard.

Place Émile Goudeau ▶
Musée de Montmartre
Wenn Sie die Rue Ravignan hochgehen, stoßen Sie auf die kleine **Place Émile Goudeau,** einen Platz mit Kastanien, Bänken, Laternen und vielen Hunden – hier stand das berühmte **Bateau Lavoir,** das Waschhaus, ein verfallener Holzbau, in dem Handwerker, Schauspieler und Künstler lebten. Picasso hat hier sein kunstgeschichtlich höchst bedeutendes Bild »Les Demoiselles d'Avignon« gemalt, das den Beginn des Kubismus markierte. Gehen Sie die Rue Girardon hinauf bis zu dem kleinen romantischen Fußweg **Allée des Brouillards,** in dem Gérard de Nerval gelebt hat. Um 1895 arbeitete Auguste Renoir in einem der nahe gelegenen Pavillons. In der Rue de l'Abreuvoir malte Utrillo das rosa Haus, **La Maison Rose.**

Musée de Montmartre ▶
Saint-Pierre de Montmartre
Im **Musée de Montmartre** in der Rue Cortot Nr. 12 (Tel. 01/49 25 89 37, Mi–So 11–18 Uhr) können Sie anhand von Dokumenten die Geschichte des Quartiers studieren.

Dort ist auch viel vom **Lapin Agile** die Rede – das berühmte Kabarett befindet sich in der Rue des Saules. Die kleine, alte Rue Saint Rustique führt zur Kirche **Saint-Pierre de Montmartre**, deren früheste Bauteile aus dem 12. Jh. stammen. Die letzte Äbtissin des einst einflussreichen Benediktinerinnenklosters starb 1794 auf dem Schafott.

Sacré-Cœur ▸ Cimetière de Montmartre

In enger Nachbarschaft zu der schönen Kirche befindet sich die pompöse Kathedrale **Sacré-Cœur** auf dem Montmartrehügel. Von Spöttern als weiße »Zuckerbäckerkathedrale« verlacht, wird sie von Gläubigen und Touristen dennoch gleichermaßen geliebt. Der Bau dieser Kirche ist zwei strenggläubigen Katholiken, Alexandre Legentil und Hubert Rohaul de Fleury, zu verdanken: Sie ließen sie 1885 errichten, nachdem Frankreich den Krieg gegen Preußen verloren hatte. Besonders einladend ist die große Freitreppe – hier kann man stundenlang sitzen und den einmaligen Blick über Paris genießen. Die bunte, von niedrigen Häuschen aus dem 18. Jh. gesäumte **Place du Tertre** ist von früh bis spät touristischer Anziehungspunkt. Abschließend empfiehlt sich ein Spaziergang den Boulevard de Clichy entlang über die Place Pigalle zum **Cimetière de Montmartre**; auf diesem pittoresken Friedhof liegt auch Heinrich Heine begraben.

Saint-Germain-des-Prés – Legendärer Treffpunkt der Intellektuellen am Ufer der Seine

CHARAKTERISTIK: Ein Spaziergang durch reizvolle Gassen im 6. Arrondissement, vorbei an gut sortierten Buchhandlungen, Antiquitätenläden und Kunstgalerien **DAUER:** etwa 2 Stunden **LÄNGE:** etwa 2 km **EINKEHRTIPP:** La Palette, 43, rue de Seine, Tel. 01/43 26 68 15 €€ **KARTE ▶ S. 109 und S. 145, D 17**

Ausgangspunkt für einen Spaziergang durch das Literaturviertel Saint-Germain am linken Seine-Ufer ist das Café **Les Deux Magots** an der Place Saint-Germain-des-Prés (Métrostation). »Le rendez-vous de l'élite intellectuelle« liest der Gast auf der Speisekarte. Während der Jahre des Existenzialismus war dieses weltberühmte Kaffeehaus Treffpunkt vieler Schriftsteller und Philosophen. Auch wenn sich heute zahlreiche Ortsfremde unter die Stammgäste mischen, das Deux Magots mit seinen roten Lederbänken gehört einfach zu den schönsten Cafés von Paris. Auf der großen Terrasse atmet man die kulturträchtige Luft Saint-Germains, jenes Teils des 6. Arrondissements, in dem bis heute viele Ur-Pariser und Literaten leben. Neben dem Deux Magots liegt das nicht weniger bekannte **Café de Flore** (▶ MERIAN-Tipp, S. 27).

Café de Flore ▶ Saint-Germain-des Prés

»Die kleine Gemeinde der Getreuen, die sich dort täglich traf«, so beschreibt Simone de Beauvoir die Atmosphäre, »gehört nicht ganz zur Boheme und nicht ganz zur Bourgeoisie. Sie verbrachten ihre Tage damit, in kurzen, blasierten Sätzen ihr Elend zu verströmen.« Ein ebenso mythischer Ort ist gegenüber die **Brasserie Lipp**, ein Belle-Époque-Lokal am Boulevard Saint-Germain.

Kirche Saint-Germain-des Prés ▶ Musée National Eugène Delacroix

Saint-Germain-des-Prés ist die älteste der großen Pariser Kirchen. Ihre Ursprünge gehen bis ins 6. Jh. zurück. Das Gotteshaus wurde im 9. Jh. von den Normannen zerstört, ihr heutiges Erscheinungsbild stammt aus dem 11. Jh. Im Mittelalter war die Abtei von Saint-Germain ein direkt dem Papst unterstellter Kleinstaat. Erst während der Revolution wurde sie größtenteils zerstört. Sehenswert sind die Wandgemälde im Innern der Kirche, die 1856 bis 1863 von Hippolyte Flandrin geschaffen wurden. Im Garten, der von der weitläufigen Klosteranlage übrig geblieben ist, steht die Büste Guillaume Apollinaires, 1959 von Picasso für seinen Dichterfreund geschaffen. Sehr sehenswert ist auch das Atelierhaus von Eugène Delacroix (1798–1863) an der stimmungsvollen Place Furstemberg.

Musée National Eugène Delacroix ▶ Picasso-Palais

Die kleine Rue Furstemberg stößt auf die **Rue Jacob**, eine Straße mit exquisiten Einrichtungsläden und feinen Hotels. Sie biegen in die **Rue de Seine** mit den vielen Antiquitätengeschäften, Galerien und Boutiquen ein. Seit vielen Jahrzehnten

Anziehungspunkt für die Studenten der nahe gelegenen Kunsthochschule École des Beaux Arts und ein vorwiegend junges, internationales Publikum ist das Bar-Café-Restaurant Palette. Es führt der Weg dann in die **Rue de Buci**, wo ein farbenfroher Wochenmarkt lockt. Von da geht es in die quicklebendige Rue Saint-André-des-Arts und links in die Rue des Grands Augustins, in der Picasso 1937 ein **Stadtpalais** (Nr. 7) aus dem 17. Jh. bezog.

Picasso-Palais ▶ Sartre-Haus

Wieder links liegt die **Rue Christine**, in Nr. 5 wohnte die amerikanische Schriftstellerin und Muse Gertrude Stein (1874–1946). Durch die Passage Dauphine geht es nun in die Rue Mazarine, nun heißt es links abbiegen in die Rue de Seine, dann in die erste Straße rechts, Rue des Beaux-Arts, wo Sie hinter einer unscheinbaren Fassade (Nr. 13) ein luxuriöses Hotel finden, **L'Hôtel**. Hier starb Oscar Wilde, allerdings konnte zu seiner Zeit von Luxus noch keine Rede sein. In der Pianobar des L'Hôtel kann man sich einen Drink in prachtvollem Ambiente gönnen. Wenn Sie weitergehen, stoßen Sie auf die **Rue Bonaparte**. In der Nr. 42 wohnte Jean-Paul Sartre bis zu seinem Tod.

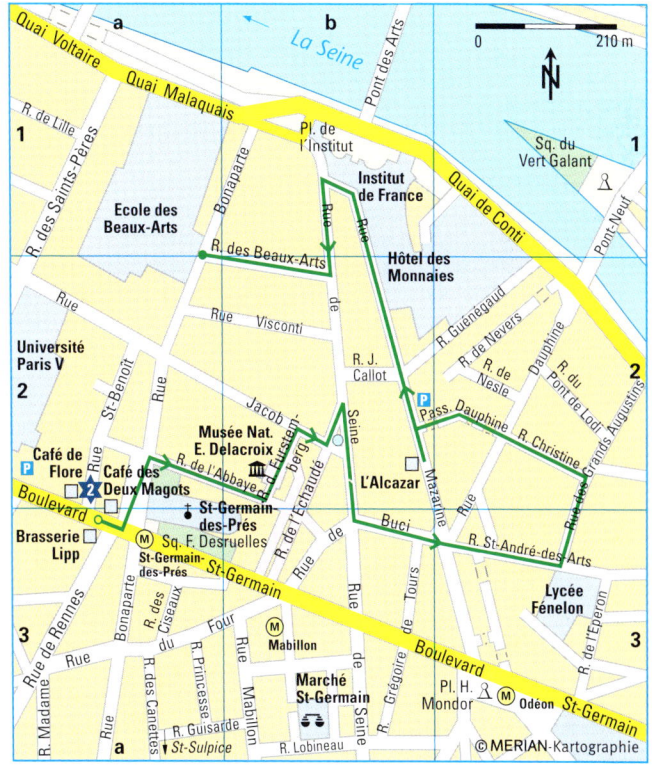

Paris – Auf dem Weg in das 21. Jahrhundert

CHARAKTERISTIK: Ein Spaziergang durch das 13. Arrondissement, das mit seiner rasanten Entwicklung das »neue« Paris repräsentiert **DAUER:** 3 Stunden

 **LÄNGE:** 2–3 km **EINKEHRTIPP:** Café in der Cité de la Mode et du Design, 28–36, quai d'Austerlitz, 75013

KARTE ▶ S. 146, B 23

Noch ein letzter Blick auf das schmiedeeiserne Portal des botanischen Gartens Jardin des Plantes im 5. Arrondissement, ehe man das »alte« Paris hinter sich lässt. Dieser weitläufige Park, im 17. Jh. unter Ludwig XIII auf Anraten seiner Ärzte als königlicher Heilpflanzengarten angelegt, ist mit seinen Alleen, Blumen, medizinischen Pflanzen, alten Bäumen, der kleinen Menagerie und vor allem seinem Naturhistorischen Museum einer der schönsten und lebendigsten der Metropole.

Die kleine Rue Geoffroy Saint-Hilaire führt auf den Boulevard Saint-Marcel. Überqueren Sie den Boulevard und die Rue Jeanne d'Arc und gehen Sie bis zum Boulevard de l'Hôpital weiter. Rechter Hand liegt die gewaltige Anlage des städtischen Krankenhauses »Hôpital Pitié-Salpêtrière«, 1656 erbaut, im 19. Jh. Europas wohl bekannteste psychiatrische Klinik und heute eines der bedeutenden Universitätskrankenhäuser von Paris. Hier starb 1997 Prinzessin Diana, die nach ihrem schweren Autounfall im Pont de l'Alma in dieses Krankenhaus eingeliefert worden war.

Auf breiten Wegen kann man durch die großzügigen Grünanlagen spazieren und sollte unbedingt einen Blick in die **Kapelle Saint-Louis de la Salpêtrière** werfen, einen strengen, 1677 vollendeten Bau mit acht Schiffen. Man stelle sich vor, dass in dieser Kirche eine strikte Sitzordnung herrschte: Hier die psychisch Kranken, dort die chronisch Kranken, hier die Alten, dort die Armen. Zur Zeit des Pariser Sommerfestivals dient die Kapelle heute auch als Ausstellungsraum für zeitgenössische Kunst und Video Performances (Bill Viola).

Man verlässt das Gelände auf der Südseite, biegt kurz hinter der Métrostation Chevaleret am Boulevard Vincent Auriol rechts in die kleine Rue Louise Weiss ein, in der sich eine Reihe namhafter Galerien für zeitgenössische Kunst (Air de Paris, GB Agency, Praz-Delavallade) angesiedelt hat. Die Rue Louise Weiss stößt auf die Rue Chevaleret und diese auf die Rue Neuve Tolbiac. Links einbiegen, nur ein paar Schritte in Richtung Seine, und man steht vor den vier gigantischen gläsernen Büchertürmen der **Bibliothèque François Mitterrand** am Quai François Mauriac (Architekt: Dominique Perrault). Ein architektonisches Erlebnis! Gehen Sie unbedingt die Freitreppen hinauf und lassen Sie sich auf dem riesigen Platz zwischen den L-förmigen Türmen den Wind um die Nase wehen. Man sieht Hochhäuser dicht an dicht, ein noch fremdes Paris.

Im Osten sorgt ein mit Graffiti besprayter, bunkerartiger Bau für Aufmerksamkeit: **Les Frigos**, einst als Kühlhäuser für den Großmarkt Les Halles geplant, aber nutzlos geworden, als der Markt nach Rungis zog, wurden sie zu Beginn der 80er-Jahre von Künstlern »besetzt«. Seit 2006 gilt der Bau offiziell als Künstlerkolonie.

Entlang des Quai Panhard et Levassor siedelt in einer ehemaligen, raffiniert umgebauten Mehllagerhalle und Mehlfabrik die Universität Paris 7 - Denis Diderot. Östlich davon liegt die **École d'Architecture de Paris**, die Hochschule für Architektur.

Auf dem Quai François Mauriac – die Seine mit der neuen, elegant geschwungenen Fußgängerbrücke **Passerelle Simone de Beauvoir** und dem hochmodernen Schwimmbadschiff **Piscine Josephine Baker** zur Rechten – geht es wieder zurück in Richtung Innenstadt. Am Quai d'Austerlitz ist mit der **Cité de la Mode et du Design** (Architekten: Jakob + MacFarlane) ein spektakulärer Bau entstanden, der diese bisher leblose Gegend am Seine-Ufer mit ambitionierten Ausstellungen, Modeschauen, mit Dachterrasse und Restaurant für Fashion- und Design-Freaks attraktiv machen soll. Gegenüber, am anderen Seine-Ufer, liegt im 12. Arrondissement das Geschäfts- und Wohnviertel **Bercy** mit großem Park und einem Ensemble historischer Weinlagerhallen aus dem 19. Jh., die zu Läden und Restaurants umfunktioniert wurden. Am westlichen Ende des Bercy-Parks liegt die kühn konstruierte Veranstaltungshalle **Paris Omnisports** mit 17 000 Plätzen. Und gleich dahinter, quer zur Seine, schließt sich der monumentale Bau des Finanzministeriums an.

Einkaufsmeile mit dörflichem Flair: Bercy Village. Die historischen Lagerhallen des einstigen »Weinlagers der Stadt« beherbergen heute Geschäfte, Boutiquen und Cafés.

AUSFLÜGE IN DIE UMGEBUNG

Park und Schloss Fontainebleau

CHARAKTERISTIK: Auf den Spuren von Marie Antoinette und Louis XVI wandeln **ANFAHRT:** Mit dem Auto über die A 6 **DAUER:** Tagesausflug **EINKEHR-TIPP:** Le Caveau des Ducs, 24, rue Ferrare, Fontainebleau, Tel. 01/64 22 05 05, www.caveaudesducs.com €€ **AUSKUNFT:** Château de Fontainebleau, 77300 Fontainebleau, Tel. 01/60 71 50 60, www.de.fontainebleau-tourisme.com

Für die Pariser ist der 60 km südlich der Metropole gelegene Wald von Fontainebleau mit seinen riesigen, steilen Felsbrocken ein beliebtes Ausflugsziel. Viele verschiedene Wege führen durch eine endlose Landschaft voller Eichen, Buchen und Birken, zwischen Sanddünen hindurch, an Hügeln und Heideflecken vorbei. Am besten, Sie besorgen sich im Office du Tourisme in Fontainebleau einen Wanderplan. Hier können Sie sich auch ein Fahrrad leihen.

Natürlich müssen Sie unbedingt das in einem wundervollen, von André Le Nôtre konzipierten englischen Garten gelegene **Schloss von Fontainebleau** besichtigen.

Besucher betreten das unter François I (1515–1547) und Henri II (1547–1559) mithilfe italienischer Handwerker und Künstler erbaute Renaissanceschloss durch die Cour du Cheval Blanc, zur Erinnerung an den Abschied Napoléons von seiner Armee 1814 auch Cour des Adieux genannt. Zum Schönsten gehören die Galerie François I mit ihren allegorischen Malereien, den Früchteverzierungen und Girlanden, dem reichen Stuck und den Skulpturen und der auch nicht eben schlichte Ballsaal – zwei Musterbeispiele französischer Renaissance mit italienischem Einschlag. Alle Könige haben sich in Fontainebleau sehr wohlgefühlt und am Schloss gebaut: Katharina von Medici bewohnte eine Flucht von Gemächern, Marie Antoinette und Louis XVI haben sich hier ihre Wohnräume gestaltet, ebenso Napoléon und Josephine, und auch Madame de Maintenon, die Geliebte und spätere zweite Gemahlin Louis XIV, hielt sich oft in dem prächtigen Jagdschloss inmitten von 25 000 ha Wald auf.

Wenn Sie Zeit haben, fahren Sie anschließend nach **Barbizon** am westlichen Rand des Waldes. In dieser Künstlerkolonie lebten um 1830 die französischen Maler Théodore Rousseau, Camille Corot und Jean-François Millet, berühmt geworden unter dem Begriff »Schule von Barbizon«. Die Ateliers von Rousseau und Millet kann man besichtigen.

INFORMATIONEN

Schloss Fontainebleau

Okt.–Mai Mi–Mo 9.30–17, Juni–Sept. bis 18 Uhr • Eintritt 10 €

Millet-Haus

Barbizon • im Sommer Mi–Mo 10–17 Uhr • Eintritt 3 €

Rousseau-Haus

Barbizon • im Sommer tgl. 10–18, Winter bis 17 Uhr • Eintritt 3 €

Versailles: Prunkschloss Louis XIV 🔟

CHARAKTERISTIK: Gloire und Grandeur des Sonnenkönigs erkunden **AN-FAHRT:** Métro: Pont de Sèvres (a 5), dann Bus 171 oder RER, Linie C5. Mit dem Auto ab Porte de St-Cloud auf der A13. Mit »Cityrama« (▶ S. 132) u. a. ab 36 € (halber Tag) **DAUER:** Tagesausflug **EINKEHRTIPP:** Au Chapeau Gris, 7, rue Hoche, Versailles, Tel. 01/39 50 10 81, www.auchapeaugris.com €€ **AUSKUNFT:** Tel. 01/30 83 78 00, www.chateauversailles.fr

Als Louis XIV (1638–1715) entschied, das kleine Jagdschloss seines Vaters in Versailles, 20 km westlich von Paris, zu einem prächtigen Palast umzubauen, war der selbstherrliche Sonnenkönig gerade einmal 23 Jahre alt. Frankreichs Herrscher hatten seit dem 13. Jh. im Louvre residiert – ab 1661 nun war Versailles ihre prachtvolle Residenz, Regierungssitz und absolutes Machtzentrum Frankreichs.

Alles, was die Nation an Künstlern und Kunsthandwerkern aufzubieten hatte – insgesamt wohl 30 000 Menschen –, wurde nach Versailles geschickt, um an der feudalen Ausstattung des Schlosses mitzuarbeiten. Der König beauftragte die Architekten Le Vau und Mansart, den Innenarchitekten Le Brun und den Gartenbaukünstler Le Nôtre mit der Ausführung. 50 Jahre waren nötig, bis das Schloss so gestaltet war, dass es dem Willen des Sonnenkönigs genügte.

Berühmtester und prächtigster Innenraum ist der 1684 vollendete, 73 m lange **Spiegelsaal** – vor diesem grandiosen Hintergrund ließ Bismarck 1871 das Deutsche Kaiserreich ausrufen. In der Mitte der

Das französische Schloss par excellence, Symbol der Größe von König und Vaterland und Vorbild für fast jeden »Schlossarchitekten« Europas – das ist Versailles (▶ S. 113).

Schlossanlage liegt das berühmte **Prunkschlafzimmer** des Königs. Im Schlafzimmer der Königin, nicht ganz so herrlich wie das des Gemahls, kamen 19 Prinzen und Prinzessinnen zur Welt.

Sehenswert sind auch die Gartenanlagen des 680 m langen Schlosses. Sie haben eine Ausdehnung von mehr als 100 ha und mussten ebenso hohen Repräsentationsansprüchen genügen wie das Schloss selbst. Aussichtsplätze, skulpturengeschmückte weite Alleen wurden geschaffen und eine künstliche Kanalanlage – das »Kleine Venedig«. Bei den prachtvollen barocken Hoffesten wurden im Park Opern und Theaterstücke aufgeführt. Das Gartenschloss, den **Grand Trianon**, 1687 von Mansart erbaut, hat Louis XVI seiner Frau Marie Antoinette geschenkt. Der **Petit Trianon**, das kleine Schlösschen, entstand 1762. Marie Antoinette ließ sich **Le Hameau** bauen, ein Modelldorf mit Molkerei und Mühle, wo die Königin bäuerliches Leben zu imitieren versuchte. Unter dem Bürgerkönig Louis Philippe wurde Versailles 1837 ein Museum.

INFORMATIONEN

Schloss

Di–So 9–18.30 Uhr (Nov.–April bis 17.30 Uhr), an Feiertagen geschl. • Besichtigungen der Appartements des Königs und der Königin: tgl. 9.45–15.30 Uhr • Eintritt April–Okt. 20 € (Sa, So, feiertags 25 €), Nov.–April 16 €

Schlosspark

Tgl. von Sonnenaufgang bis Sonnenuntergang. Große Wasserspiele mit musikalischer Untermalung (Les Grandes Eaux Musicales): April–Sept. jeden Sa, So und feiertags 11–12 und 15.30–17 Uhr

Petit Trianon und Weiler

Tgl. 12–19.30 Uhr

Grand Trianon

Tgl. 12–18.30 Uhr (Nov.–April bis 17.30 Uhr)

Feuerwerk

Mit Musik sowie Wasser- und Lichtspielen und Texterläuterungen: an mehreren Sa Juli–Sept. • genaue Termine im Internet

Die Kathedrale von Chartres

CHARAKTERISTIK: Die Besichtigung eines der weltweit großartigsten Beispiele gotischer Baukunst ANFAHRT: mit dem Auto über die A10, dann A11 (90 km); mit der Bahn ab Gare Montparnasse (ca. 1 Stunde) DAUER: Tagesausflug EINKEHRTIPP: L'Estocade, 1, rue de la Porte Guillaume, Chartres, Tel. 02/37 34 27 17, Di–So 12–14 und 19.30–22 Uhr €€ AUSKUNFT: Office de Tourisme, Pl. de la Cathédrale, Chartres, Tel. 02/37 18 26 26, www.chartres-tourisme.com

Für Paris-Besucher, die ein bisschen Zeit im Gepäck haben, wird die Besichtigung der Kathedrale von Chartres ein Höhepunkt ihrer Reise sein. Schon von Weitem sieht man, wie sich ihre Silhouette vor einem hohen Himmel abzeichnet. Notre-Dame-de-Chartres, 95 km südwestlich von Paris in der Region Beauce gelegen, Sitz des römisch-katholischen Bischofs von Chartres und von der UNESCO als Weltkulturerbe deklariert, ist die drittgrößte Kirche der Welt (nach dem Petersdom in Rom und der Canterbury Cathedral) und der wohl älteste spätgotische Sakralbau. Sie wurde 1196 über einer 220 m langen Krypta errichtet, die der Heilige Fulbertus, Bischof von Chartres, um 1030 erbaut und die den schweren Brand von 1194 überstanden hatte. Die 134 m lange, im Chor 46 m breite, im Hauptschiff 36,5 m hohe Kathedrale, wie sie heute steht, war 1260 vollendet worden. An ihrer Weihe nahm König Saint-Louis (1226–1270) teil. Der Heilige Ludwig war es auch, der die berühmte **Sainte-Chapelle** ✡ auf der Cité-Insel in Paris (unbedingt sehenswert!) errichten ließ.

Zum Schönsten, was romanisch-frühgotische Bildhauerkunst hervorgebracht hat, gehört der dreiteilige **Portail Royal**. Das königliche Portal, mit zahlreichen Figuren und Säulenstatuen geschmückt, entstand zwischen 1145 und 1170. Ebenfalls romanischen Ursprungs sind der 106 m hohe rechte Glockenturm, **Le Clocher Vieux,** und die Kapellen, wie etwa die der Wundertätigen Madonna, **Vierge du Pilier**. Die **Fensterrose** unter der Königsgalerie stammt aus dem 13. Jh., ebenso wie die insgesamt 176 unvergleichlichen, fast vollständig erhaltenen Glasfenster, die Szenen aus der Bibel und das Leben von Heiligen schildern. Man achte auf das berühmte, einzigartige Chartres-Blau der Scheiben und das Farbenspiel auf Mauern und Fliesen, das mit den Jahreszeiten und Stunden des Tages wechselt.

Die Reihe der Bischöfe von Chartres geht bis in das 4. Jh. zurück. Demnach muss die Kirche schon zu jener Zeit sehr bedeutend gewesen sein. 876 schenkte Karl der Kahle ihr jene Tunika, die die Jungfrau Maria bei der Geburt Christi getragen haben soll. Chartres wurde daraufhin ein Marien-Wallfahrtsort, vergleichbar mit Lourdes.

Leidenschaftlicher Chartres-Pilger und Kathedralen-Verehrer jüngerer Zeit war der französische Schriftsteller Charles Péguy (1873–1914). Im Juni 1912 pilgerte Péguy nach Chartres, um die Heilung seines Sohnes zu erflehen, im September, um für den Seelenfrieden eines Freundes zu beten, der Selbstmord begangen hatte. 1935 nahmen Pariser Studenten die traditionelle Wallfahrt nach Chartres wieder auf. Ihr alljährlicher Einzug in die Kathedrale an einem Maisonntag ist seither für die Stadt Höhepunkt des Kirchenjahres.

Man sollte nicht abfahren, ohne nicht noch einmal einen kleinen Rundgang durch die von Wällen, Mauern und Toren umgebene Altstadt mit ihren verwinkelten, ruhigen Gassen gemacht zu haben. Sie birgt viele architektonische Schönheiten. Auch die kleinen, im Schatten der großen Kathedrale stehenden Kirchen wie Saint-Pierre oder Saint-André lohnen einen etwas genaueren Blick.

INFORMATIONEN
Cathédrale Notre-Dame-de-Chartres
Pl. de la Cathédrale • tgl. 8.30–19.30 Uhr. Turm: Mo–Sa Mai–Aug. Mo–Sa 9.30–11.30, 14–17, So 13–18.30 Uhr, Sept.–April Mo–Sa 9–18 Uhr, So 13–18.30 Uhr • Eintritt Kathedrale frei

Vom Quai de Montebello am Seine-Ufer eröffnet sich ein grandioser Blick auf das Pariser Wahrzeichen, die Kathedrale Notre-Dame (▶ S. 77).

Wissenswertes
über Paris

Nützliche Informationen für einen gelungenen
Aufenthalt: Fakten über Land, Leute und Geschichte
sowie Reisepraktisches von A bis Z.

Auf einen Blick

Mehr erfahren über Paris – Informationen über Land und Leute, von Bevölkerung über Politik und Sprache bis Wirtschaft.

AMTSSPRACHE: Französisch
BEVÖLKERUNG: ca. 10 % Ausländer (v. a. aus Algerien, Portugal, Spanien)
EINWOHNER: 2,2 Mio., im Großraum 11,6 Mio.
FLÄCHE: 105 qkm (Stadtgebiet)
INTERNET: www.paris.fr
RELIGION: 75 % Katholiken, gefolgt vom muslimischen Glauben
VERWALTUNG: Départements, unterteilt in 20 Arrondissements
WÄHRUNG: Euro

Bevölkerung

Auf den Inseln der Île de France begann um 300 v. Chr. die Geschichte der Stadt: Keltische Fischer und Schiffer vom Stamm der Parisii lie-ßen sich hier nieder und nannten diesen Ort Lutetia, was Ort der Sümpfe bedeutet, denn die wilde Landschaft, aus der nur ein paar Hügel ragten – später Montagne-Sainte-Geneviève, Montmartre und Butte Chaumont –, war durchzogen von unendlich vielen Wasserläufen. Bald kamen die Römer, sie bauten Brücken und Straßen, und aus Lutetia Parisiorum wurde Paris. Spuren aus römischer Zeit, die Thermen von Cluny und Reste eines Amphitheaters, kann man noch heute im Quartier Latin besichtigen, der ersten städtischen Siedlung auf dem linken Seine-Ufer.

Heute ist Paris multikulturell und kosmopolitisch, rund 40 verschie-

◄ Im Grand Palais (► S. 88) wird die interessante Verbindung zwischen Bevölkerung, Kunst und Tradition umgesetzt.

dene Nationalitäten leben hier. Die Zahl der Muslime im Großraum Paris ist inzwischen auf rund eine Million gestiegen, sie kommen vorwiegend aus Algerien, Marokko und Tunesien.

Lage und Geografie

Paris ist Frankreichs Hauptstadt und zählt zu den wichtigsten Metropolen weltweit. Es liegt im Zentrum der Region Île de France, inmitten einer der fruchtbarsten Agrarlandschaften Europas. Die Stadt erstreckt sich über eine Fläche von 105 qkm und hat 2,2 Millionen Einwohner. Die Seine mit den beiden Inseln Île de la Cité und Île Saint-Louis teilt die Stadt in zwei Hälften, die »rive droite« (rechtes Ufer) im Norden und die »rive gauche« (linkes Ufer) im Süden.
Ein weit verzweigtes Netz von Autobahnen und Schnellstraßen verbindet Frankreichs Hauptstadt mit dem ganzen Land. Nahezu alle französischen Autobahnen führen nach Paris und münden in die Ringautobahn, den Boulevard Périphérique, der die Innenstadt umschließt. Mit den Flughäfen Roissy-Charles-de-Gaulle, Orly und Paris-Beauvais (Low-Cost-Verbindungen) verfügt Paris über drei internationale Airports.
Paris ist reich an Parks und Grünflächen. 89 000 Bäume säumen die Boulevards und Straßen, zwei riesige Parks, der Bois de Boulogne im Westen und der Bois de Vincennes im Osten, bieten der Pariser Bevölkerung diverse Möglichkeiten für Erholung, Sport und Spiel.

Religion

Paris ist eine katholisch geprägte Stadt. Rund 75 % der Bevölkerung sind gläubige Katholiken. Für die rund 220 000 in Paris lebenden Juden gibt es sieben Synagogen, für die ca. 50 000 Muslime zwei Moscheen.

Politik und Verwaltung

Paris ist in 20 Arrondissements (Stadtbezirke) unterteilt. Mit den Postleitzahlen 75001 bis 75020 versehen, verteilen sie sich spiralenförmig im Uhrzeigersinn von innen nach außen, beginnend im historischen Stadtkern mit Louvre, Palais Royal und Hallen bis nach Ménilmontant und Belleville im Osten der Stadt. Jedes der 20 Arrondissements untergliedert sich seinerseits wieder in vier Quartiers. Jedem Arrondissement steht ein in Direktwahl gewählter Bürgermeister vor, der im Bürgermeisteramt seines Bezirks residiert. Seit 2001 ist der 2008 wieder gewählte Bertrand Delanoe von der Parti Socialiste Bürgermeister von Paris.

Wirtschaft

Die Metropole, bekannt für die Produktion von Luxusgütern – Haute Couture, Kosmetik, Schmuck –, ist das bedeutendste Wirtschaftszentrum Frankreichs und eine der wichtigsten Handelsmetropolen Europas. Fast alle großen Dienstleistungsunternehmen des Landes haben ihren Sitz in Paris, ebenso die Mehrzahl der französischen Fernseh- und Radiosender, die Redaktionen renommierter Tageszeitungen und die großen Verlage. Außerdem befinden sich so berühmte Eliteschulen wie die École Polytechnique und École des Sciences Politiques in Paris, das auch Sitz der UNESCO und der OECD ist.

Geschichte

5.–3. Jh. v. Chr.
Auf der Île-de-France werden Kelten sesshaft.

2. Jh. v. Chr.
Megalithkultur im Gebiet des heutigen Paris.

53 v. Chr.
Paris wird zum ersten Mal erwähnt in Cäsars »De Bello Gallico«.

52 v. Chr.
Römische Truppen besetzen die keltische Siedlung und bauen sie zur Kolonialstadt Lutetia aus.

3. Jh.
Die Römer bauen Lutetia zur Festung gegen Angriffe der Germanen aus.

486
Beginn der fränkischen Herrschaft.

508
Paris wird Hauptstadt des Frankenreiches.

585
Bei einem großen Brand werden fast alle Häuser der Stadt vernichtet.

9. Jh.
Überfälle von normannischen Truppen. Erst nach der Abtretung der Normandie (911) kehrt Ruhe ein.

10. Jh.
Die Dynastien der Karolinger und der Kapetinger bekämpfen sich.

987
Hugo Capet erklärt Paris zu seiner Hauptstadt.

12. Jh.
Die Stadt wird ummauert, gegen Ende des Jahrhunderts unterscheidet man zwischen einem politisch-geistlich bestimmten Viertel (Cité), einer Bürgerstadt (Ville) und dem Hochschulviertel (Université). Robert de Sorbon gründet ein geistliches Kolleg.

1337
Beginn des Hundertjährigen Krieges.

1358
Der Louvre wird königliche Residenz.

14./15. Jh.
Pestepidemie und Hungersnot; soziale Unruhen.

1570
Das italienische Bank- und Börsenwesen wird kopiert.

1572
In der Bartholomäusnacht werden 3000 Hugenotten ermordet.

1605
Der Pont-Neuf, die »Neue Brücke«, wird fertiggestellt.

17. Jh.
Die absolutistischen Herrscher des Grand Siècle fördern die Bautätigkeit ganz erheblich. Ludwig XIV verlegt seinen Regierungssitz von Paris nach Versailles.

18. Jh.
Die Aufklärung zeigt gesellschaftliche Folgen; das »Ancien Régime« ist dem Untergang geweiht.

14. Juli 1789

Die Französische Revolution beginnt mit dem Sturm auf die Bastille.

1792

Frankreich wird zur Republik ausgerufen.

1793

König Louis XVI und Königin Marie Antoinette werden guillotiniert.

1799

Staatsstreich Bonapartes.

19. Jh.

Mit der Industrialisierung wird Paris Millionenstadt. In der zweiten Jahrhunderthälfte werden Elendsquartiere saniert, neue Straßen gebaut.

1851

Beginn des Zweiten Kaiserreiches unter Napoleon III.

1871

Nach der Niederlage im Deutsch-Französischen Krieg und einer antimonarchistischen Rebellion der Pariser Nationalgarde bildet sich die Kommune.

1889

Zur Weltausstellung wird der Eiffelturm gebaut.

1900

Die erste Métro wird in Dienst gestellt.

1921

Paris erreicht mit knapp drei Millionen seine höchste Einwohnerzahl.

1940

Die Deutschen nehmen Paris ein.

1944

General von Choltitz widersetzt sich Hitlers Befehl, Paris zu zerstören.

1958

Charles de Gaulle wird erster Präsident der V. Republik.

Mai 1968

Studentenrevolte auf den Champs-Élysées und im Quartier Latin.

1969

Verlegung der Markthallen nach Rungis im Süden der Stadt.

1977

Statt der ernannten Präsidenten regieren jetzt gewählte Bürgermeister.

1981

Der Sozialist François Mitterrand wird französischer Präsident.

1995

Jacques Chirac wird Präsident.

1996

Eröffnung der Bibliothèque Nationale de France François Mitterrand.

2007

Der konservative UMP-Politiker Nicolas Sarkozy wird Präsident.

2008

Frankreich übernimmt den Vorsitz des EU-Ministerrats.

2010

Die UNESCO erklärt die französische Küche zum Weltkulturerbe.

2012

Der Sozialist François Hollande wird französischer Staatspräsident.

Sprachführer Französisch

Aussprache
~ über einem Vokal bedeutet, dass
   er nasal ausgesprochen wird:
ã wie chance
ẽ wie terrain
õ wie bonbon

Wichtige Wörter und Ausdrücke
Ja – oui [ui]
Nein – non [nõ]
danke – merci [mersi]
gern geschehen – de rien [dö rjän]
Wie bitte? – comment [komã]
Ich verstehe nicht. – je ne com-
   prends pas [schö nö kõmprã pa]
Entschuldigung – pardon/excusez-
   moi [pardõ/exküseh-moa]
Hallo – salut [salü]
Guten Morgen/Tag – bonjour
   [bõschur]
Guten Abend – bonsoir [bõsuar]
Auf Wiedersehen – au revoir
   [oh röwuar]
Ich heiße … – je m'appelle
   [schö mapäl]
Ich komme aus … – je suis de
   [schö süi dö]
– Deutschland. – l'Allemagne
   [l'allmanj]
– Österreich. – l'Autriche
   [l'ötrisch]
– der Schweiz. – la Suisse [la suis]
Wie geht's? – comment allez-
   vous/vas-tu [kommät alleh-
   wu/kommã wa-tü]
Danke, gut. – bien, merci
   [bjẽ mersi]
wer, was, welcher – qui, quoi, lequel
   [ki, koa, lökel]
wann – quand [kã]
wie viel – combien [kombiẽ]
wie lange – combien de temps –
   [kombiẽ dö tã]

Sprechen Sie deutsch/englisch?
   – parlez-vous allemand/ anglais
   [parleh-wu almã/ ãnglã]
heute – aujourd'hui [oschurdüi]
morgen – demain [dömẽ]
gestern – hier [iär]

Zahlen
eins – un [ẽ], une [ün]
zwei – deux [döh]
drei – trois [troa]
vier – quatre [katr]
fünf – cinq [sẽk]
sechs – six [sis]
sieben – sept [set]
acht – huit [üit]
neun – neuf [nöf]
zehn – dix [dis]
einhundert – cent [sã]
eintausend – mille [mil]

Unterwegs
rechts – à droite [a droat]
links – à gauche
   [a gohsch]
geradeaus – tout droit [tu droa]
Wie kommt man nach …? – pou-
   vez-vous m'indiquer le chemin
   pour aller à [puwe wu mẽdike lö
   schömã pur ale a]
Wo ist … – où se trouve
   [u sö truw]
– die nächste Werkstatt? – le garage
   le plus proche [lö garasch lö plü
   prosch]
– der Bahnhof? – la gare [la gar]
– die nächste U-Bahn? – l'arrêt de
   métro le plus proche [larrä dö me-
   troh lö plü prosch]
– der Flughafen? – l'aéroport
   [laehropor]
– die Touristeninformation?
   – l'office de tourisme [loffis dö
   turism]

– die nächste Tankstelle? – la station-service la plus proche [la stasjõ servis la plü prosch]

Bitte voll tanken! – le plein s'il vous plaît [lö plẽ sil wu plä]

Normalbenzin – essence [esãs]

Ich möchte ein Auto/Fahrrad mieten. – je voudrais louer une voiture/un vélo [schö wudrä lueh ün voatür/ẽ welo]

Wir hatten einen Unfall. – on a eu un accident [õna ü ẽ aksidã]

Wo finde ich … – où est-ce que je trouve [uäskö schö truw]

– einen Arzt? – un médecin [ẽ medsẽ]

– eine Apotheke? – une pharmacie [ün farmasi]

Eine Fahrkarte nach … bitte! – un ticket pour … s'il vous plaît! [ẽ tikä pur …, sil wu plä]

Übernachten

Ich suche ein Hotel. – je cherche un hôtel [schö schersch ẽnohtäl]

Haben Sie noch Zimmer frei … – avez-vous encore des chambres de libres [aweh-wu ãkor deh schäbrdö libr]

– für eine Nacht? – pour une nuit [pur ün nüi]

– für eine Woche? – pour une semaine [pur ün sömän]

Ich habe ein Zimmer reserviert. – j'ai réservé une chambre [schä reserveh ün schäbr]

Wie viel kostet das Zimmer … – combien coûte la chambre [kombiẽ kut la schäbr]

– mit Frühstück? – avec le petit déjeuner [awek lö pöti dehschöneh]

– mit Halbpension? – en demi-pension [ã dömi pãsiõ]

Kann ich das Zimmer sehen? – est-ce que je peux voir la chambre [äskö schö pöh vuar la schäbr]

Ich nehme das Zimmer. – je prends la chambre [schö prã la schäbr]

Ich möchte mich beschweren. – je voudrais porter plainte. [schö wudrä porteh plẽt]

funktioniert nicht – ne marche pas [nö marsch pa]

Essen und Trinken

Die Speisekarte bitte! – la carte s'il vous plaît [la kart sil wu plä]

Die Rechnung bitte! – l'addition s'il vous plaît [ladisjõ sil wu plä]

Ich hätte gern … – Je vais prendre – [schö wä prädre]

Wo finde ich die Toiletten (Damen/Herren)? – où sont les toilettes? (dames/hommes) [u sõ leh toalät (dam/om)]

Kellner/-in – monsieur/mademoiselle/madame [mösjöh/ madmoasel/madam]

Frühstück – petit déjeuner [pöti dehschöneh]

Mittagessen – déjeuner [dehschöneh]

Abendessen – dîner [dineh]

Einkaufen

Wo gibt es …? – où se trouve [u sö truw]

Haben Sie …? – avez-vous [aweh-wu]

Wie viel kostet …? – combien ça coûte? [kombiẽ sa kut]

Das ist zu teuer. – c'est trop cher [sä tro schär]

Geben Sie mir bitte 100 Gramm/ ein Kilo … – je voudrais cent gramme/ un kilo de [schö wudrä sä gram/ ẽ kilo dö]

Briefmarken für einen Brief/eine Postkarte nach … – des timbres pour une lettre/carte postale pour [deh tẽbr pur ün lettr/ün kart postal pur]

Kulinarisches Lexikon

A

abats – Innereien

abricot – Aprikose

acquit – Quittung

addition – Rechnung

agneau – Lamm

aiglefin – Schellfisch

aiguillette de canard – Entenbrust-
filet

aïl – Knoblauch

aïoli: Knoblauchmayonnaise

aloyau: Lendenbraten

amandes: Mandeln

anchois: Sardelle (Anchovis)

andouille: Schweinswurst
aus Kutteln

andouillette: Wurstspezialität aus
sauberst gewaschenen Därmen

à l'Anglaise – auf englische Art

artichauts – Artischocken

asperge – Spargel

assiette – Teller

B

barbeau (barbillon) – Barbe

bardé – mit Speckstreifen umwickelt

beignet – Krapfen

Bénédictine – Likör aus 27 verschiedenen Kräutern

betterave rouge – rote Bete

beurre – Butter

bien cuit – durchgebraten

bière blonde (noire) – helles
(dunkles) Bier

bifteck – Beefsteak

bifteck à la tartare – Hacksteak

bleu – blau – bei Fleisch so viel wie
»englisch« gebraten

bœuf – Ochse oder Rind

boisson – Getränk

bouillabaisse – Fischsuppe (auch,
anders zubereitet: bourride)

bouteille – Flasche

brasserie – Brauhaus, auch
Bezeichnung für Cafés mit
Mittags- und Abendtisch

brochette – Spießchen

C

cabillaud – Kabeljau

caille – Wachtel

calvados – Apfelschnaps

canard – Ente

carafe – Karaffe

carré d'agneau – Lammrückensteak

carrelet – Scholle

carte – Speisekarte

– du jour – Tageskarte

– des vins – Weinkarte

casse-croûte – Imbiss

cassoulet – Eintopf aus weißen
Bohnen mit Gänsefleisch

céleri – Sellerie

cèpes – Steinpilze

cerf – Hirsch

cerises – Kirschen

cervelle – Hirn

chanterelles – Pfifferlinge

charcuterie – Wurstaufschnitt

châteaubriand – Grillsteak (für
mehrere Personen zubereitet)

chaud – heiß

chèvre – Ziege, Ziegenkäse

chevreuil – Reh

chou – Kohl

choucroute – Sauerkraut

citron pressé – frisch gepresster
Zitronensaft

colin – Seehecht oder Schellfisch

concombre – Gurke

coq – Hahn

coquilles, coquillages – Muscheln

côte – Rippenstück

– d'agneau – Lammkotelett

– de veau – Kalbskotelett

coupe – Becher (für Eis oder
Früchte)

courgettes – Zucchini

couteau – Messer
crème – Sahne, auch süßer Likör
crevettes – Garnelen
croque-monsieur – getoastetes
   Käse-Schinken-Sandwich
crudités – Rohkostsalate
crustacés – Krustentiere

D

dauphin – würziger Weichkäse
daurade, dorade – Goldbrasse
dégustation gratuite – kostenloser
   Probeausschank (Weinprobe)
demi – halb
– sec – halbtrocken
dinde – Pute
dindon – Truthahn, Puter
doux, douce – süß

E

eau – Wasser
– gazeuse – Selterswasser
– minérale – Mineralwasser
– (non) potable – Wasser (nicht)
   zum Trinken
– de vie – Branntwein (klare
   Schnäpse)
échalote – Schalotte
écrevisses – Krebse
entrecôte – Zwischenrippenstück
entrée – Vorspeise
entremets – Süßspeise
épaule d'agneau – Lammschulter
épicerie – Feinkostladen,
   Lebensmittelgeschäft
épinards – Spinat
escalope – Schnitzel
escargots – Weinbergschnecken

F

farce, farci – Füllung, gefüllt
faux-filet – Lendenstück vom Rind
fenouil – Fenchel
ficelle – sehr dünnes, langes
   Weißbrot
figues – Feigen

filet – Lendenbraten
fin – fein
flan – Pudding
foie – Leber
– gras – Stopfleber
– d'oie – Gänseleber
fourchette – Gabel
fourré – gefüllt
framboise – Himbeere
fromage – Käse
fruité – fruchtig
fruits – Früchte, Obst
fumé – geräuchert

G

garçon – Kellner, Ober
gâteau – Kuchen
gaufrettes – Waffeln
gibier – Wild
gigot – Keule
girolles – Pfifferlinge
glace – Eis
glaçon – Eiswürfel
gratin – Auflauf, Überbackenes
grillades – Gegrilltes

H

hachis – Gehacktes, Haschee
hareng mariné – Bismarckhering
haricots verts – grüne Bohnen
herbes de Provence – Kräuter
   der Provence
homard – Hummer
hors-d'œuvre – Vorspeise
huile – Öl
huîtres – Austern

J

jambon – Schinken
jus – Saft

L

lait – Milch
– entier: Vollmilch
laitue – Kopfsalat
langoustine – kleiner Panzerkrebs

lapin – Kaninchen
lard – Speck
légumes – Gemüse
lentilles – Linsen
lièvre – Hase

M

magret, maigret: Entenbrust, oft in
    Scheiben serviert
macédoine de fruits – Obstsalat
mâche – Feldsalat
madeleines – muschelförmiges
    Sandgebäck
maquereau – Makrele
marron – Esskastanie
menthe – Pfefferminze
– verte – Pfefferminzlikör
meunière (à la) – Müllerin Art:
    in Mehl gewendeter und in Butter
    gebratener Fisch
miel – Honig
morue – Kabeljau
moules – Muscheln
– marinières – Muscheln in Weiß-
    weinsud
moutarde – Senf (Mostrich)
mouton – Hammel, Schaf
myrtilles – Heidelbeeren

N

navets – weiße Rübchen
noisette – Haselnuss
noisettes d'agneau – Lamm-
    nüsschen
noix – Walnuss
note – Rechnung
nouilles – Nudeln

O

œuf – Ei
oie – Gans
oignons – Zwiebeln

P

pain – Brot
parfait – zarte Mousse

pâte – Teig
pâté – Pastete
pâtes – Nudeln
paupiette – Roulade
pavé de saumon – Lachspastete
    in Gelee
pêche – Pfirsich
perche – Barsch
perdrix commune – Rebhuhn
petit déjeuner – Frühstück
petits farçis: kleine gefüllte Gemüse
petits-fours – Biskuittörtchen
– pois – Erbsen
pieds de cochon – Schweinsfüße
pigeon – Taube
pignons – Pinienkerne
piment doux – Paprika- oder
    Pfefferschote
pissenlit – Löwenzahn
pistaches – Pistazien
plat – Gericht, Platte
– du jour – Tagesgericht
plateau de fromage – Käseplatte
    (als Nachspeise)
poêle: Pfanne
à point – kross gebraten (außen
    knusprig, innen rosa)
poire – Birne (auch Birnenschnaps)
poireau – Lauch, Porree
pois: Erbse
poisson – Fisch
– de rivière – Flussfisch
poitrine – Brust
poivre – Pfeffer
pomme – Apfel
pommes de terre – Kartoffeln
porc – Schwein
porcelet – Spanferkel
potage – Suppe
poularde – Masthuhn
    (poule: Henne)
poulet – Brathähnchen
poulpe – Tintenfisch
poussin – Küken, Junghähnchen
praire – Venusmuschel
à la pression – Bier vom Fass

pruneau – Back- oder Dörrpflaume

purée: Püree

Q

quart – ein Viertel (Viertelpfund)

quartier – Viertel, Teilstück

quenelles – Klößchen, Röllchen

queue – Schwanz

R

rafraîchis – Sammelbegriff für Erfrischungsgetränke

raifort – Meerrettich

raisins – Weintrauben

rapé – geraspelt, gerieben

rascasse – Drachenkopf (Meerfisch)

ratatouille – gemischtes Gemüse

récolte – Ernte, Weinjahrgang

recommandé – empfohlen, empfehlenswert

rillettes d'oie – Gänsepastete

ris de veau – Kalbsbries

rissoler – braun braten

riz au beurre – Butterreis

rognons – Nieren

rosbif – Roastbeef, Rostbraten

rôti – Braten, gebraten

rouille – scharfe rote Sauce

S

salade: Salat

salé – gesalzen

sablé – Sandgebäck

saignant – »englisch« gebraten

sandre – Zander

sanglier – Wildschwein

sardines à l'huile – Ölsardinen

saucisson – Schnitt- oder Brühwurst

saumon – Lachs

sauté – geschmort

sel – Salz

selle d'agneau – Lammrücken

service (non) compris – Bedienung (nicht) inbegriffen

sole – Seezunge

sorbet aux fruits – Früchtesorbet

soupe – Suppe

steak au poivre – Pfeffersteak

sucre – Zucker (sucré – gesüßt)

T

tapenade – Paste aus Oliven, Kapern und Anchovis

tarte – Obstkuchen

tartelette – Törtchen

tendre – zart, mürbe

terrine – Schüssel

– maison – Topfpastete nach Art des Hauses

thé – Tee

thon – Thunfisch

tout compris – alles im Preis inbegriffen

tranche – Schnitte, Scheibe

tripes – Kutteln, Innereien

truffes – Trüffeln

truite – Forelle

– fumée – Räucherforelle

turbot – Steinbutt

V

veau – Kalb, Fleisch vom Kalb

velouté – gebundene Suppe, Cremesuppe

vermicelle – Nudelsuppe

verveine – Eisenkraut, ideal als verdauungsfördernde »Infusion« nach dem Essen

viande(s) – Fleisch

– blanc – Weißwein

– mousseux – Schaumwein

– nouveau – junger Wein, Federweißer

– de pays – Landwein

– rouge – Rotwein

– de table – Tischwein

vinaigre – Essig

volaille – Geflügel

X/Y

xérès: Sherry

yaourt: Joghurt

Reisepraktisches von A–Z

ANREISE UND ANKUNFT

MIT DEM AUTO

Reisende aus dem Norden nehmen die Autobahn über Aachen und Belgien, aus dem Süden kommend fährt man über Metz und Reims. In Frankreich ist die Autobahn gebührenpflichtig (»péage«). Gleich hinter der Grenze weist eine Tafel auf die zugelassene **Höchstgeschwindigkeit** auf französischen Autobahnen hin: 130 km/h. Die Geschwindigkeitsbegrenzungen auf anderen Straßen sind 110 km/h auf Straßen mit zwei Fahrspuren in eine Richtung, 90 km/h auf National- und Départementstraßen, 50 km/h in Ortschaften. Auf der Stadtautobahn rund um Paris ist die Geschwindigkeit auf 80 km/h begrenzt.

Es ist nahezu aussichtslos, in der Stadt einen Parkplatz zu finden. Lassen Sie also Ihren Wagen in einer der zahlreichen Parkgaragen stehen. Vor Antritt der Reise kann man via Internet (www.parkingsdeparis.de) einen Garagenplatz reservieren. Ein Tipp: Kommen Sie möglichst nicht erst spät nachts in Paris an – es kann passieren, dass Sie vor verschlossenen Toren stehen.

Wichtig: Es ist seit Juli 2012 Pflicht, eine **Warnweste** und einen **Alkoholschnelltester** (Apotheken) im Wagen zu haben.

MIT DEM ZUG

Reisende aus Norddeutschland kommen an der **Gare du Nord** an, Züge aus Süddeutschland, der Schweiz und Österreich enden an der **Gare de l'Est** bzw. **de Lyon**. Seit Juni 2007 verkehren Hochgeschwindigkeitszüge (ICE und TGV) der Deutschen Bahn (DB) und der französischen Staatsbahn (SNCF) zwischen deutschen Städten wie München, Stuttgart oder Frankfurt und Paris. Von Köln aus nimmt man am besten den Hochgeschwindigkeitszug Thalys, der über Brüssel nach Paris fährt.

MIT DEM FLUGZEUG

Flüge nach Paris werden mehrmals täglich von Lufthansa und Air France angeboten. Die Maschinen kommen auf den Flughäfen **Roissy-Charles de Gaulle** 23 km nordwestlich von Paris und **Orly** im Süden an. Erkundigen Sie sich unbedingt rechtzeitig, von welchem Terminal (Charles de Gaulle 1 oder 2) und Bereich (A bis D am Terminal 2) Ihr Rückflug geht!

Es gibt mehrere Möglichkeiten, um in die Pariser Innenstadt zu gelangen, etwa mit den **RER-Vorortzügen** Roissy-Rail und Orly-Rail, die alle 15 Minuten ins Zentrum fahren. Beide RER-Bahnhöfe sind kostenlos mit Pendelbussen zu erreichen. **Busse der Air France** fahren alle 20 Minuten von Roissy-Charles de Gaulle bis zum Air Terminal Porte Maillot (die Fahrzeit beträgt etwa 40 Minuten) und alle 15 Minuten von Orly zum Air Terminal Invalides (die Fahrzeit beträgt etwa 30 Minuten). Die Taxifahrt vom Flughafen in die Innenstadt dauert je nach Tageszeit 45 bis 90 Minuten. Man muss allerdings mit einem Fahrpreis zwischen 50 und 60 € rechnen.

Auf www.atmosfair.de und www.myclimate.org kann jeder Reisende durch eine Spende für Klimaschutzprojekte für die CO_2-Emission seines Fluges aufkommen.

AUSKUNFT

IN DEUTSCHLAND, ÖSTERREICH UND DER SCHWEIZ

Atout France

– Postfach 100128 • D-60001 Frankfurt am Main • info.de@rendezvous enfrance.com • www.rendezvous enfrance.com
– Tel. 00 43/1/5 03 28 92 • info.at@ rendezvousenfrance.com • www. rendezvousenfrance.com
– info.ch@rendezvousenfrance.com • www.rendezvousenfrance.com

IN PARIS

Office du Tourisme de Paris

http://de.parisinfo.com
– Opéra • 25, rue des Pyramides • 75001 • Métro: Pyramides (c 3) • Tel. 08/92 68 30 00 • Nov.– Mai Mo–Sa 10–19, So, feiertags 11–19, Juni–Okt. tgl. 9–19 Uhr   ▸ S. 139, D 8
– Gare de Lyon: Gare de Lyon • 20, bd. Diderot • 75012 • Métro: Gare de Lyon (e 4/5) • Mo–Sa 8– 18 Uhr   ▸ S. 146, B 22/23
– Gare du Nord: Gare de Nord • 18, rue de Dunkerque • 75010 • Métro: Gare du Nord (d 2) • tgl. 8–18 Uhr   ▸ S. 139, F 6
– Montmartre: Montmartre • 21, pl. du Tertre • 75018 • Métro: Abbesses (d 2) • tgl. 10–19 Uhr   ▸ S. 139, E 5

BUCHTIPPS

Spaziergänge durch Gertrude Steins Paris (Arche 2008) Mary Ellen Jordan Haight führt auf fünf Spaziergängen durch das Paris der Rive Gauche. Ein Reiseführer zu den berühmten Wohnungen, Cafés und Ateliers der literarischen und künstlerischen Avantgarde am linken Seine-Ufer zwischen 1900 und 1940.

Paris – Geschichte einer Stadt (DVA 2007) Der profilierte Frankreich-Kenner und Paris-Liebhaber Thankmar von Münchhausen erweckt in seinem Buch über 200 Jahre Pariser Geschichte zum Leben: Ein Standardwerk für all jene, die sich ernsthaft für Paris interessieren.

Paris – ein Fest fürs Leben (Hörbuch, 4 CDs, Patmos 2007) »Wenn Du das Glück hattest, als junger Mensch in Paris zu leben …« In seinen Erinnerungen an die Jahre in Paris erzählt Ernest Hemingway von dieser hochgestimmten Zeit.

DIPLOMATISCHE VERTRETUNGEN

Botschaft der Bundesrepublik Deutschland   ▸ S. 138, A 8

Étoile • 13–15, av. Franklin D. Roosevelt • 75008 • Métro: Franklin D. Roosevelt (b 3) • Tel. 01/53 83 45 00 • Mo–Fr 9–12 Uhr

Botschaft der Republik Österreich   ▸ S. 144, A 17

Invalides • 6, rue Fabert • 75007 • Métro: Invalides (c 4) • Tel. 01/ 40 63 30 63

Schweizer Botschaft
   ▸ S. 144, B 17

Parteiverkehr nur nach telefonischer Anmeldung.
Invalides • 142, rue de Grenelle • 75007 • Métro: Invalides (c 4) • Tel. 01/49 55 67 00

FEIERTAGE

1. Jan. Jour de l'an (Neujahr)
Pâques (Ostersonntag und -montag)
1. Mai Fête du Travail (Tag der Arbeit)
8. Mai (Fête de la Victoire) (Tag der Befreiung 1945)

Ascension (Christi Himmelfahrt)
Pentecôte (Pfingsten)
14. Juli Fête nationale (Nationalfeiertag)
15. Aug. Assomption (Maria Himmelfahrt)
1. Nov. Toussaint (Allerheiligen)
11. Nov. Armistice 1918 (Waffen-
stillstand 1918)
25. Dez. Noël (Weihnachten)

GELD

1 €	1,21 SFr
1 SFr	0,82 €

Kreditkarten sind in ganz Frankreich gebräuchlich. Am Automaten
hebt man mit der EC-Karte wesent-
lich günstiger ab. Die meisten **Banken** haben Mo–Fr 9–16.30 Uhr geöffnet.

INTERNET

www.parisinfo
Die offizielle Internetseite des Pariser Tourismusbüros (office du tourisme) informiert über Hotels, Restaurants, kulturelle Events.
www.culture.fr
Alles zum Thema Kultur in der Stadt:
Ausstellungen, Theater, Konzerte.
www.parissi.com
Filme, Theater, Konzerte und vor
allem Tipps zu angesagten Nachtclubs und Diskotheken.
www.ratp.com
Wer mehr über das Pariser öffentliche Verkehrssystem (Métro, Busse)
und seine Nutzung wissen möchte,
wird hier fündig.
www.timeout.com
Das englischsprachige, in London
erscheinende Magazin »timeout«
gibt auch für Paris aktuelle Tipps
und informiert über neue Trends.

MEDIZINISCHE VERSORGUNG
KRANKENVERSICHERUNG

Die Vorlage einer Europäischen
Krankenversicherungskarte (EHIC)
ist ausreichend. Als zusätzlicher Ver-
sicherungsschutz empfiehlt sich der
Abschluss einer Auslandskranken-
versicherung, da diese Krankenrück-
transporte mitversichert.

KRANKENHAUS
Les Champs ▸ S. 137, F 3
Étoile • 84, av. des Champs-Élysées •
75008 • Métro: Georges V (b 3) •
Tel. 01/42 25 49 95

APOTHEKE
**Pharmacie Européenne
de la Place de Clichy** ▸ S. 138, C 6
Pigalle • 6, pl. de Clichy • 75009 •
Métro: Place de Clichy (c 2) • Tel. 01/
48 74 65 18 • tgl. 24 Std.

MULTIMEDIASHOW

Nahe der Opéra Garnier zieht auf
einer 14 m breiten Multivisionswand
von Paris-Story die große und ereig-
nisreiche Vergangenheit der Seine-
Metropole als Multimediashow am
Zuschauer vorbei.

Paris-Story 🎭 ▸ S. 138, C 7
Opéra • 11bis, rue Scribe • 75009 •
Métro: Opéra (c 3) • Tel. 01/42 66
62 06 • www.paris-story.com •
tgl. 10–18 Uhr, jeweils zur vollen
Stunde • Eintritt 10 €

NOTRUF

Euronotruf Tel. 112
(Polizei, Feuerwehr, Rettungsdienst)

PARIS MUSEUM PASS

Mit dem Paris Museum Pass (39 €
für zwei, 54 € für vier, 69 € für sechs
Tage) erhalten Sie freien Eintritt in

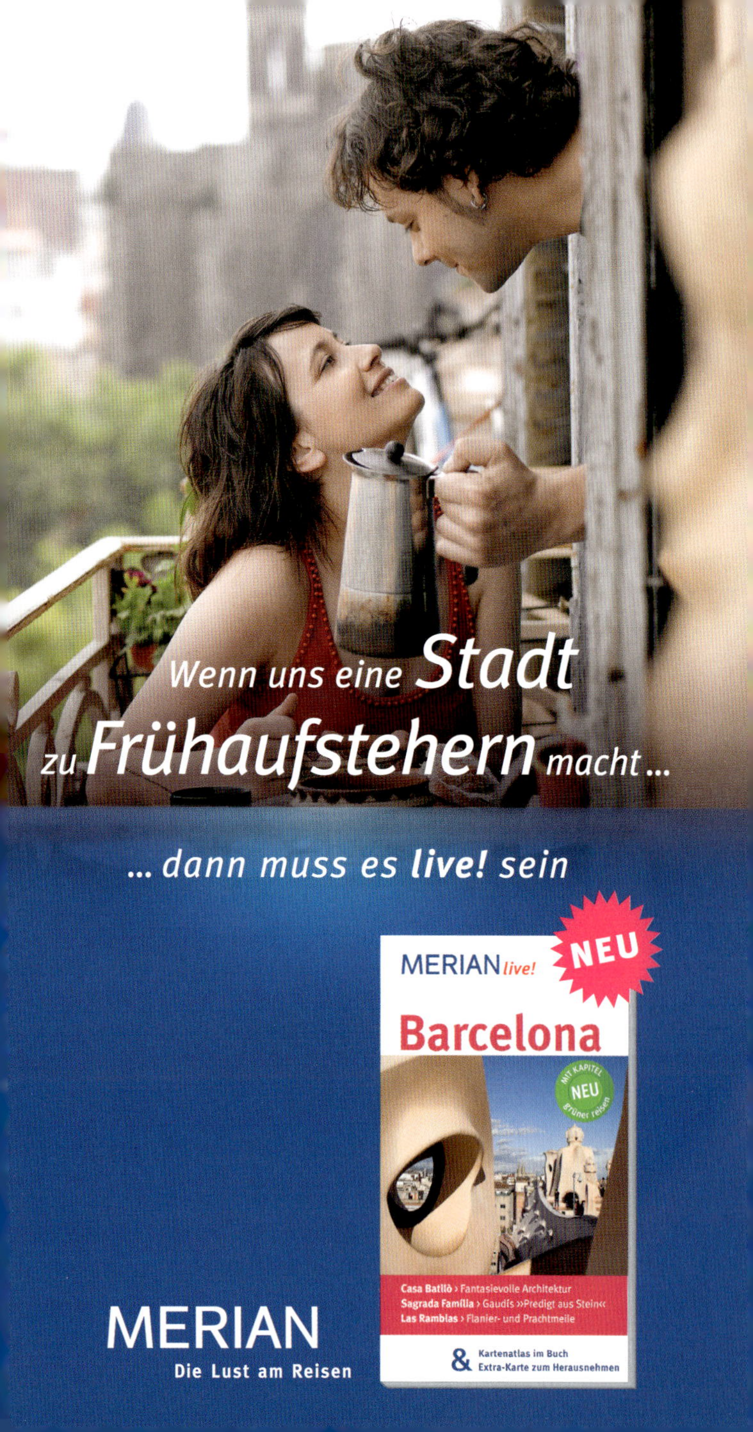

Wenn uns eine *Stadt*
zu *Frühaufstehern* macht ...

... *dann muss es **live!** sein*

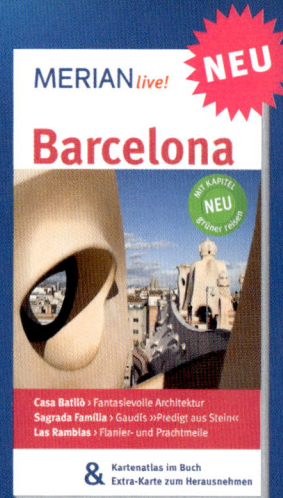

NEBENKOSTEN

1 Tasse Kaffee	2,50–5,00 €
1 Wein	3,50–6,00 €
1 Glas Cola	3,85 €
1 Baguette	0,95 €
1 Schachtel Zigaretten	6,00–6,50 €
1 Liter Normal-Benzin	1,40 €
1 Métro-Fahrschein (Einzelfahrt)	1,70 €
1 Mietwagen/Tag	80,00–140,00 €

über 60 Museen und Sehenswürdigkeiten in Paris (z. B. Arc de Triomphe, Musée du Louvre, Musée Picasso) und müssen sich nicht in der Schlange anstellen. Der Pass ist in fast allen Museen und Métrostationen sowie online erhältlich und lohnt sich bei etwas längeren Besuchen allemal.
www.parismuseumpass.com

POST

Die Briefkästen in Frankreich sind gelb. Briefmarken erhält man in allen Tabakläden und Postfilialen. Eine Postkarte nach Deutschland, Österreich und in die Schweiz kostet 0,65 €.
Die Postämter haben Mo–Fr 8–19, Sa 8–12 Uhr geöffnet. Rund um die Uhr und auch am Sonntag ist das **Hauptpostamt** in 52, rue du Louvre, 75001 (Métro: Les Halles) geöffnet.

RAUCHEN

Es gilt ein generelles Rauchverbot in öffentlichen Gebäuden, Büros, Restaurants, Bars, Cafés.

REISEDOKUMENTE

Deutsche, Österreicher und Schweizer können mit einem gültigen Reisepass oder Personalausweis (Iden-titätskarte) einreisen. Kinder unter 16 Jahren müssen im Pass eines Elternteils eingetragen sein oder benötigen einen Kinderausweis.

REISEKNIGGE

Restaurant: In guten Lokalen unbedingt reservieren! Man wartet, bis man vom Maître d'Hotel begrüßt und an den Platz geführt wird.
Trinkgeld: »Service compris« steht auf dem Kassenzettel und bedeutet, dass das Trinkgeld inbegriffen ist. Möchte der Gast die Bedienung honorieren, dankt er mit einem zusätzlichen Trinkgeld von ca. 5 Prozent.

REISEWETTER

Im Mai, wenn das Wetter schon angenehm warm ist, wenig Regen fällt und die Touristenbusse die Seine-Metropole noch nicht erobert haben, ist es in Paris am schönsten.

SIGHTSEEINGTOUREN

STADTRUNDFAHRTEN

Cityrama ▸ S. 139, D 8

In höchst bequemen Bussen wird der Gast quer durch Paris gefahren. Das Sightseeing-Unternehmen organisiert auch private Touren.
Opéra • 4, pl des Pyramides • 75001 • Métro: Palais Royal (c 4) • Tel. 01/42 66 56 56 • www.pariscityrama.com • 1,5 Stunden Tour: 20 €

Les Cars Rouges ▸ S. 137, E 4

Zweistündige Touren in roten Doppeldeckerbussen, bei denen man an Sehenswürdigkeiten aus- und erneut zusteigen kann.
Trocadéro • Abfahrt Pl. du Trocadéro/Av. P. Doumer • 75016 • Metro: Trocadéro (b 4) • www.lescarsrouges.com • tgl. 9.30–16.05 Uhr • Tickets 26 €, erm. 13 €

Mittelwerte	JAN	FEB	MÄR	APR	MAI	JUN	JUL	AUG	SEP	OKT	NOV	DEZ
Tages-temperatur	6	7	12	16	20	20	25	24	21	16	10	7
Nacht-temperatur	1	1	4	6	10	13	15	14	12	7	5	2
Sonnen-stunden	2	3	5	7	7	7	7	7	6	4	2	2
Regentage pro Monat	17	14	12	13	12	12	12	13	13	13	15	16

PARISER KANALFAHRTEN

Canauxrama   ▶ S. 140, B 9/10

Am Yachthafen des Port de l'Arsénal an der Bastille geht es los, man schippert durch unterirdische Gewölbe, passiert die Schleusen des Canal Saint-Martin und erreicht schließlich den Parc de la Villette (Cité des Sciences, Kino La Géode, Cité de la musique). Auch Themenfahrten. Musik, Animation. Reservierung!
La Villette • Anlegestelle Bassin de la Villette • 13, quai de la Loire • 75019 • Métro: Jean-Jaurès (a 4) • Tel. 01/42 39 15 00 • www.canauxrama.com • Ticket 16 €, Kinder unter 12 Jahren 8,50 €, unter 4 Jahren frei

Paris Canal   ▶ S. 140, B 9/10

Malerische Entdeckungstouren durch das alte Paris auf den Pariser Kanälen wie dem Canal Saint-Martin und dem Canal Saint-Denis. Reservierung ist dringend erforderlich!
La Villette • Bassin de la Villette • 19–21, quai de la Loire • 75019 • Métro: Jean-Jaurès (a 4) • Tel. 01/42 40 96 97 • www.pariscanal.com • Ticket ab 23 €

SEINETOUREN

In etwa 95 Min. geht es vorbei an den wichtigsten Sehenswürdigkeiten der Stadt. Auch abends, wahlweise mit Abendessen, möglich.

Batobus Paris   ▶ S. 143, E 13

Der beliebte »Schiffsbus« pendelt im 15- bis 25-Minuten-Takt auf der Seine und hat acht Anlegestellen: Eiffelturm, Champs-Élysées, Musée d'Orsay, Louvre, Saint-Germain-des-Prés, Notre-Dame, Hôtel de Ville und Jardin des Plantes.
Champs de Mars • Port de la Bourdonnais • 75007 • linkes Seine-Ufer • Métro: Bir Hakeim (b 4) • www.batobus.com • Ticket 15 €, erm. 9 €

Les Vedettes de Paris
▶ S. 143, E 13

Klassische Bootstouren auf der Seine. Mit Restauration.
Champs-de-Mars • Eiffelturm, linkes Seine-Ufer am Pont d'Iéna • Métro: Bir-Hakeim, Iéna (b 4) • Fahrkarten 11 €, ermäßigt 5 €, Kinder unter vier Jahren frei

TELEFON
VORWAHLEN

D, A, CH   ▶   Frankreich 00 33
Frankreich   ▶   D 00 49
Frankreich   ▶   A 00 43
Frankreich   ▶   CH 00 41

Telefonzellen funktionieren fast ausschließlich mit Telefonkarten. Solche »télécartes« gibt es im Postamt oder im »tabac«.

THEATERKARTEN

In großen Kaufhäusern oder bei den Vorverkaufsstellen der Multimedia-Läden der Fnac im Forum des Halles und in Montparnasse.

Kiosque-Théâtre ▸ S. 138, C 7

Hier gibt es für den selben Tag Restkarten – und das zum halben Preis. Madeleine • 15, pl. de la Madeleine • 75008 • Métro: Madeleine (c 3) • Di–Sa 12.30–19.45, So 12.30–15.45 Uhr

VERKEHRSVERBINDUNGEN
AUTO

Wenn Sie Paris mit dem eigenen Wagen ansteuern: Vorsicht auf dem **Boulevard Péripherique**, der Ringautobahn, die um Paris herumführt: Das von rechts einfahrende Fahrzeug hat gegenüber dem auf der äußeren rechten Spur ankommenden Vorfahrt! Die Bezeichnung »stationnement génant« bedeutet, dass Ihr Auto hier auf keinen Fall geparkt werden darf – es wird sonst abgeschleppt.

ÖFFENTLICHE VERKEHRSMITTEL

Die **Métro** ist billig und schnell. Wer Zeit hat und die Stadt besser kennenlernen möchte, nimmt den Bus! Man kauft besser keinen Einzelfahrschein (1,70 €), sondern ein »carnet«, eine Zehnerkarte (12,70 €), Kinder bis zwölf Jahre zahlen den halben Preis, unter vier Jahren ist die Fahrt gratis. Ein »carnet« erhält man an allen Stationen und in den mit »tabac« bezeichneten Cafés. Das Ticket wird vor Fahrtantritt an den Sperren entwertet. Reisenden, die länger bleiben, seien die Wochenkarte NaviGo (19,15 €) oder die Passe NaviGo (33,90 €) empfohlen. Dafür ist ein Passfoto erforderlich. Interessant sind auch der Tagesfahrschein »Mobilis« (6,40 €) und die Touristenkarte »Paris Visite« (3 Zonen, 3 Tage 21,60 €, 5 Tage 31,15 €).

TAXI
Taxibestellung

Tel. 01/41 50 42 50
Tel. 01/45 85 85 85

ZEITUNGEN UND ZEITSCHRIFTEN

Begehrteste englischsprachige Tageszeitung in Paris ist die **International Herald Tribune**. Zwei kleine Veranstaltungshefte, **Pariscope** und **L'Officiel des Spectacles**, informieren einmal wöchentlich (Erscheinungstermin: Mittwoch) über alles, was sich in der Stadt tut. **Paris Capitale** ist ein monatlich erscheinendes Magazin, das über die neuesten Restaurants, Läden und Events in der Hauptstadt berichtet.

ZOLL

Reisende aus Deutschland und Österreich dürfen Waren abgabenfrei mit nach Hause nehmen, wenn diese für den privaten Gebrauch bestimmt sind. Bestimmte Richtmengen sollten jedoch nicht überschritten werden (z. B. 800 Zigaretten, 90 l Wein, 10 kg Kaffee). Weitere Auskünfte unter www.zoll.de und www.bmf.gv.at/zoll.

Reisende aus der Schweiz dürfen Waren im Wert von 300 SFr abgabenfrei mit nach Hause nehmen, wenn diese für den privaten Gebrauch bestimmt sind. Tabakwaren und Alkohol fallen nicht unter diese Wertgrenze und bleiben in bestimmten Mengen abgabenfrei (z. B. 200 Zigaretten, 2 l Wein). Weitere Auskünfte unter www.zoll.ch.

Kartenatlas

Maßstab 1:20 000

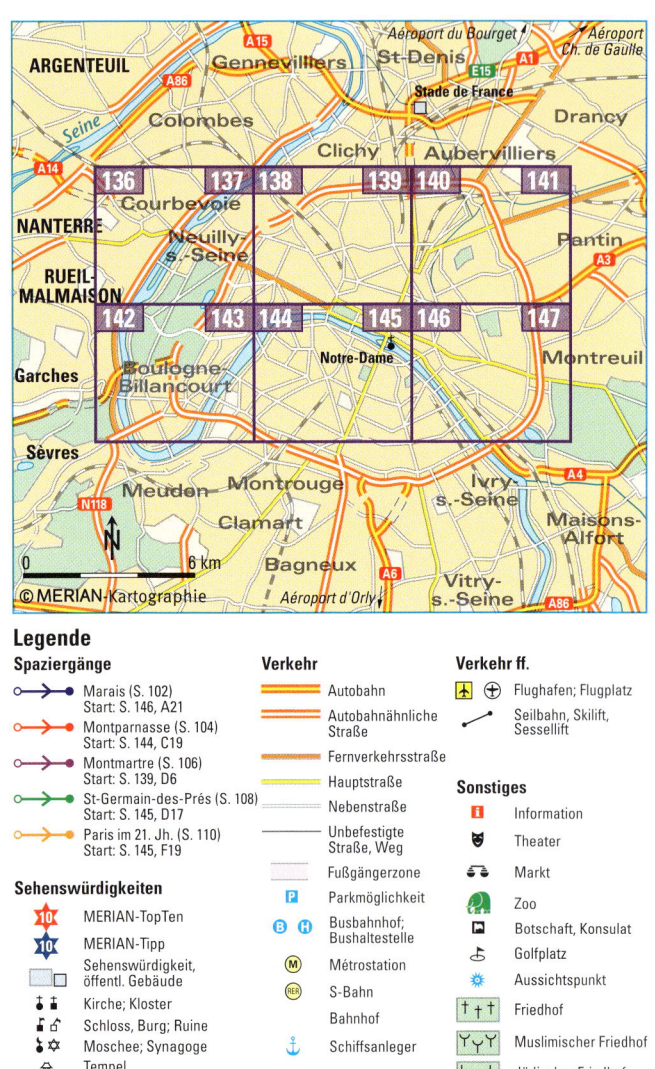

Legende

Spaziergänge

⟜───● Marais (S. 102)
Start: S. 146, A21

⟜───● Montparnasse (S. 104)
Start: S. 144, C19

⟜───● Montmartre (S. 106)
Start: S. 139, D6

⟜───● St-Germain-des-Prés (S. 108)
Start: S. 145, D17

⟜───● Paris im 21. Jh. (S. 110)
Start: S. 145, F19

Sehenswürdigkeiten

🔟 MERIAN-TopTen

🔟 MERIAN-Tipp

☐ Sehenswürdigkeit, öffentl. Gebäude

⛪ Kirche; Kloster

🏰 Schloss, Burg; Ruine

☪ ✡ Moschee; Synagoge

⛩ Tempel

🏛 🧍 Museum; Denkmal

Verkehr

▬▬ Autobahn

▬▬ Autobahnähnliche Straße

▬▬ Fernverkehrsstraße

▬▬ Hauptstraße

▬▬ Nebenstraße

─── Unbefestigte Straße, Weg

▨ Fußgängerzone

🅿 Parkmöglichkeit

Ⓑ Ⓗ Busbahnhof; Bushaltestelle

Ⓜ Métrostation

RER S-Bahn

Bahnhof

⚓ Schiffsanleger

Verkehr ff.

✈ ⊕ Flughafen; Flugplatz

✦ Seilbahn, Skilift, Sessellift

Sonstiges

ℹ Information

🎭 Theater

🛒 Markt

🦁 Zoo

🏛 Botschaft, Konsulat

⛳ Golfplatz

☀ Aussichtspunkt

✝✝✝ Friedhof

☪☪☪ Muslimischer Friedhof

ᴸᴸᴸ Jüdischer Friedhof

A

B

C

1

La
Défense

Puteaux

Lycée G.
Pompidou

R. de l'Industrie
R. de l'Abreuvoir
Rue Louis Blanc
R. du Gal. Audra
Rue de la Ficarat

Quai du Président Paul Doumer

Général

Leclerc

Hôpital
Américain

Saussaie

Rue

Boulevard

Edouard

Boulevard Chauveau

Rue de Chézy

Norme

St-
Jacques

Hôp. Comm.
de Neuilly

Boulevard

Peronnet

Château

Rue

Bineau

du

Rue Soyer

Bd.

Avenue

Sainte

d'Argenson

Chézy

Neuilly-sur-
Seine

Rue

Paulhe

Bd. Pierre Gaudin   Pont de
Neuilly

Boulevard de Neuilly

Avenue Charles

Rue

Rue Garnier

Rue d'Orry

Avenue

Foy

Rue des Poissonniers

Rue Perronet

Lycée
Pasteur

Île de
Puteaux

Maison de
la Musique

St-Jean
Baptiste

Pont de
Neuilly

Villa Madrid
Rue de Longchamp

de   Gaulle

Achille

Rue Sainte

Rue de l'Hôtel de Ville

Rue des Hussards

Bd. Jean Mermoz

Mairie

Perretti

St-Pierre

Pl. W.
Churchill

2

Lycée
Av. du Parc
St.-James
Rue du
Bois de Boulogne
Rue Delabordère
Rue Saint-James

Avenue de Madrid

Rue Perret

Rue Salignac
Fénelon

Graviers

Ancien Cimetière
de Neuilly

Rue

des

† † † †

Rue Louis
Philippe

Avenue
d'Orléans

Les Sablons

Rue Achille

Jacques

Avenue C.

Porte de
Neuilly

Route

Boulevard

Rue   Charles   Laffite

Maurice

Rue   Dulud

Barrès

Porte des
Sablons

Rue   Charles

Boulevard

Rue du Centre

Rue de la Ferme
Rue de Longchamp

Jardin
d'Acclimatation

Musée Nat. des Arts
et Traditions Populaires
🏛

Route de la Porte Sablons à l

Route de la Porte Dauphine à la Pte. des Sablons

3

Ste-
Isabelle
Av. de Bretteville

Bd. Richard Wallace
Rte. d. Champ d'Entrainement

Parc
de Bagatelle

Reine Marguerite

Pte. St.-
James

Boulevard du Commandant Charcot

Route

la

Mahatma

Gandhi

Muette

du

Allée de

Longchamp

Carrefour de la
Porte de Madrid

Bol

P
Da

Pl. du
Lattre d

Av. F.

Univ. F

Allée de la

Allée de Longchamp

Route de Longchamp au Bout des Lacs

🔵 Bois

Route de Suresnes

Route du Pré-Catalan

de

Ceinture

Lac Intérieur

du

Suresnes

Route

Neuilly

de

Route de la Muette à la

Avenue du Maréchal Fayolle

Lannes

Boulevard

Rue Dufren

Rue

4

Boulogne

Racing Club
de France

Route de la
Grande Cascade

Chemin

Ceinture

du

Lac Intérieur

Av. de St-Cloud

Porte de la Muette

Place de
Colombie

Av. H. Martin

Place
Tattegrain

Rue

Rue

Bd. J. Sanderson

Avenue

Henri

Av. Barthou

Boulevard

O.C.D.E.

Rue Octave Feuille
Rue de Franqueville

RER

Bois

de 🔵

Porte de Passy

Musée
Marmottan

Rue Émile Augier

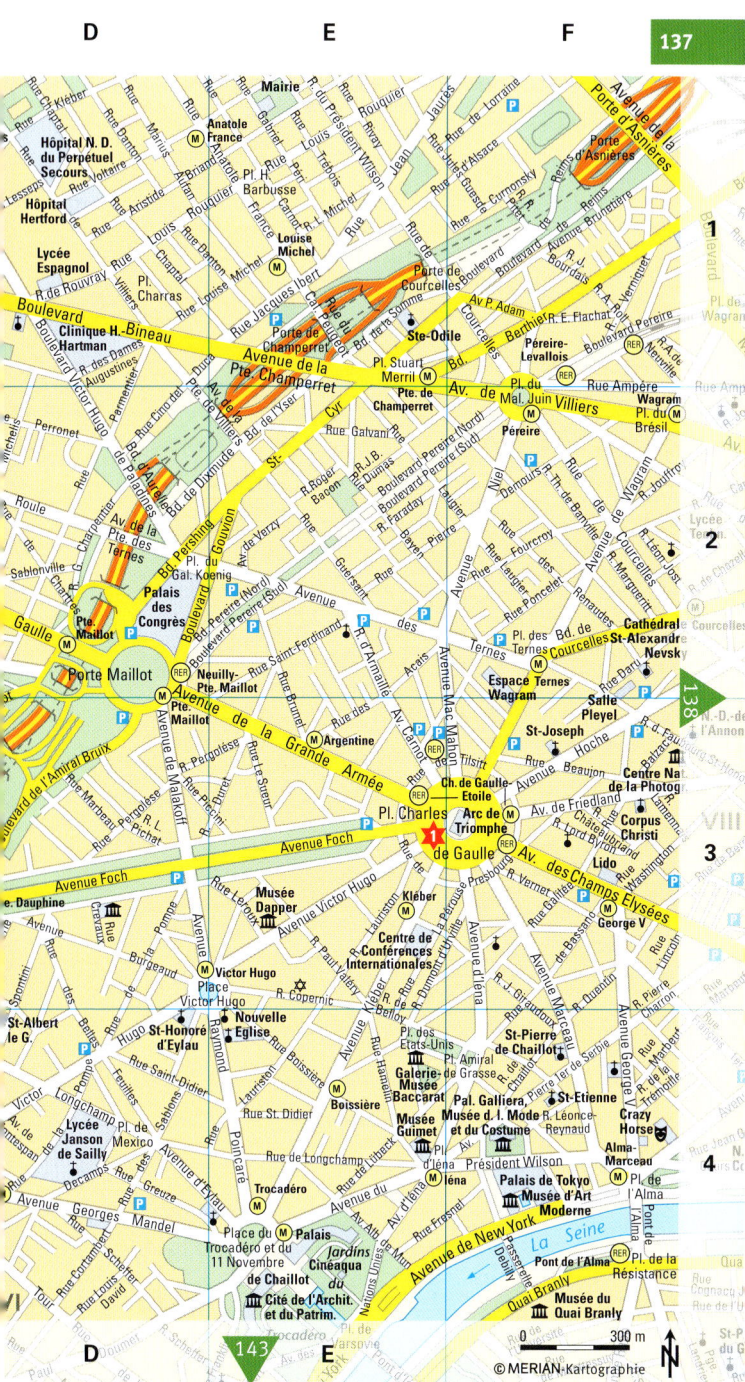

XVII

VIII

5

6

7

8

Berthier

Avenue   de   Clichy

Boulevard   de   Clichy

Rue Pouchet

Cité des Fleurs

Rue des Moines

Lycée

Guy Môquet

Rue Lamandé

Brochant

Station Pont-Cardinet

Ste-Marie des Batignolles

St-Michel des Batignolles

La Fourche

Cimeti.

Lycée

Bd. Pereire (Nord)
Bd. Pereire (Sud)

Pl. de Wagram

Rue Ampère

Boulevard   Malesherbes

Lycée Carnot

Males- École Europe
herbes enne des Affaires

Pl. du Gal. Catroux

Mairie

Pl. de Clichy

Lycée Techn.

Villiers

Av. de Villiers

Boulevard   des   Batignolles

St-André

Courcelles

Boulevard   de   Courcelles

Villiers

Lycée Chaptal

Rome

Monceau

Parc Monceau

Musée Cernuschi

Musée Nissim de Camondo

Lycée Octave Gréard

Europe

Pl. de l'Europe

Liège

Liège

Malesherbes

N.-D.-de-l'Annonciation

Musée Jacquemart-André

Marché Europe

Mairie

St-Augustin

Gare St-Lazare

Dir. Gen. S.N.C.F

SNCF

St-Lazare

Boulevard   Haussmann

St-Philippe du Roule

St-Philippe du Roule

Salle Gaveau

Miromesnil

Place St-Augustin   Rue de la Pépinière

St-Augustin

Boulevard   Haussmann

Pl. du Havre

Havre Caumartin

Palais de l'Elysée

Ste-Marie Madeleine
Pinacothèque de Paris

Madeleine

Place Vendôı

Franklin-D.-Roosevelt

Rond Point des Champs Elysées

Laurent

Théâtre Marigny

Théâtre R.-Barrault

Champs Elysées Clémenceau

Avenue   des   Champs   Elysées

Concorde

Pl. de la Concorde

Obélisque

Galerie Nationale du Jeu de Paume

Tuilerie

Grand Palais

Palais de la Découverte

Musée du Petit Palais

Cours la Reine

N.-D.-de-la-Consolation

Albert 1er

Pl. du Canada

Pont Alexandre III

Musée de l'Orangerie

Jardin des Tuileries

Quai d'Orsay

S.E.I.T.A.

Quai d'Orsay

Aérogare des Invalides

Assemblée Nationale

Palais Bourbon

Assemblée Nationale

Musée d'Orsay

St-Pierre du Gros Caillou

Esplanade des Invalides

137

144

Avenue   de   Clichy

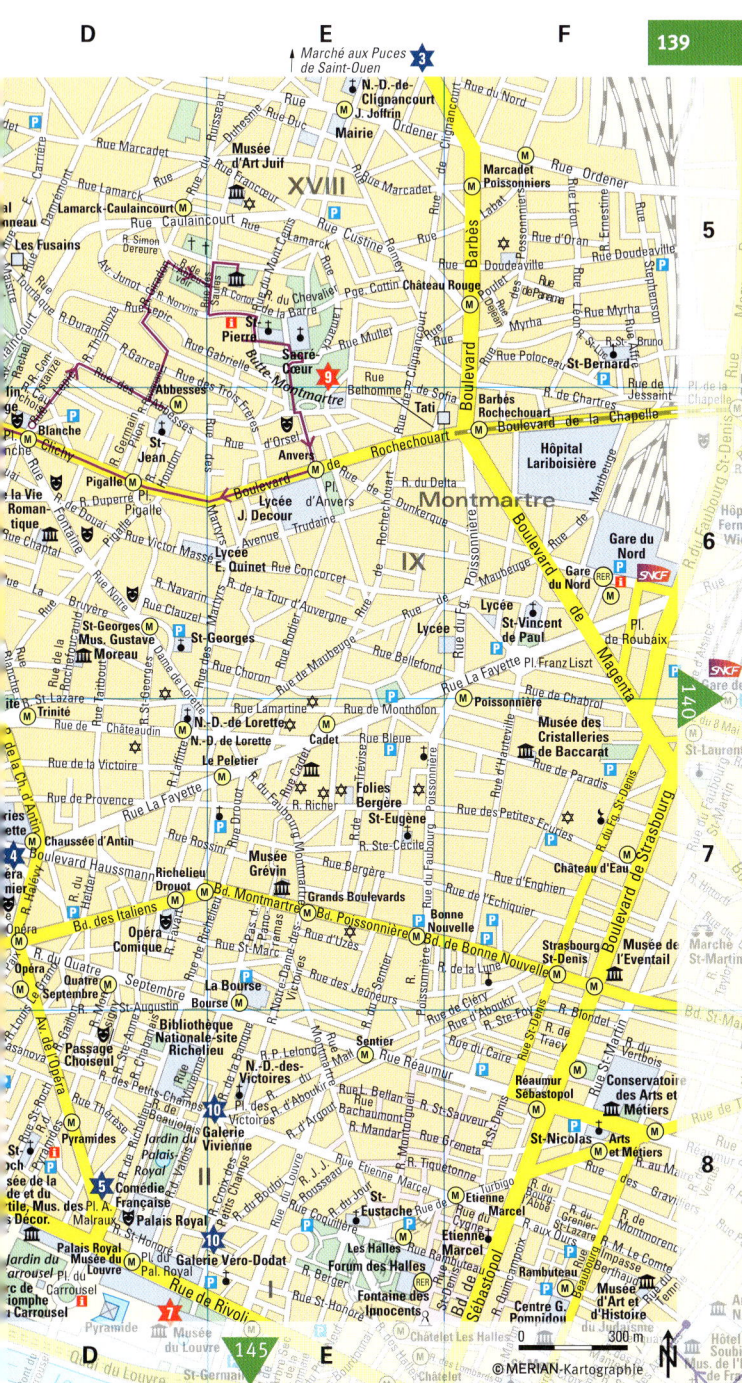

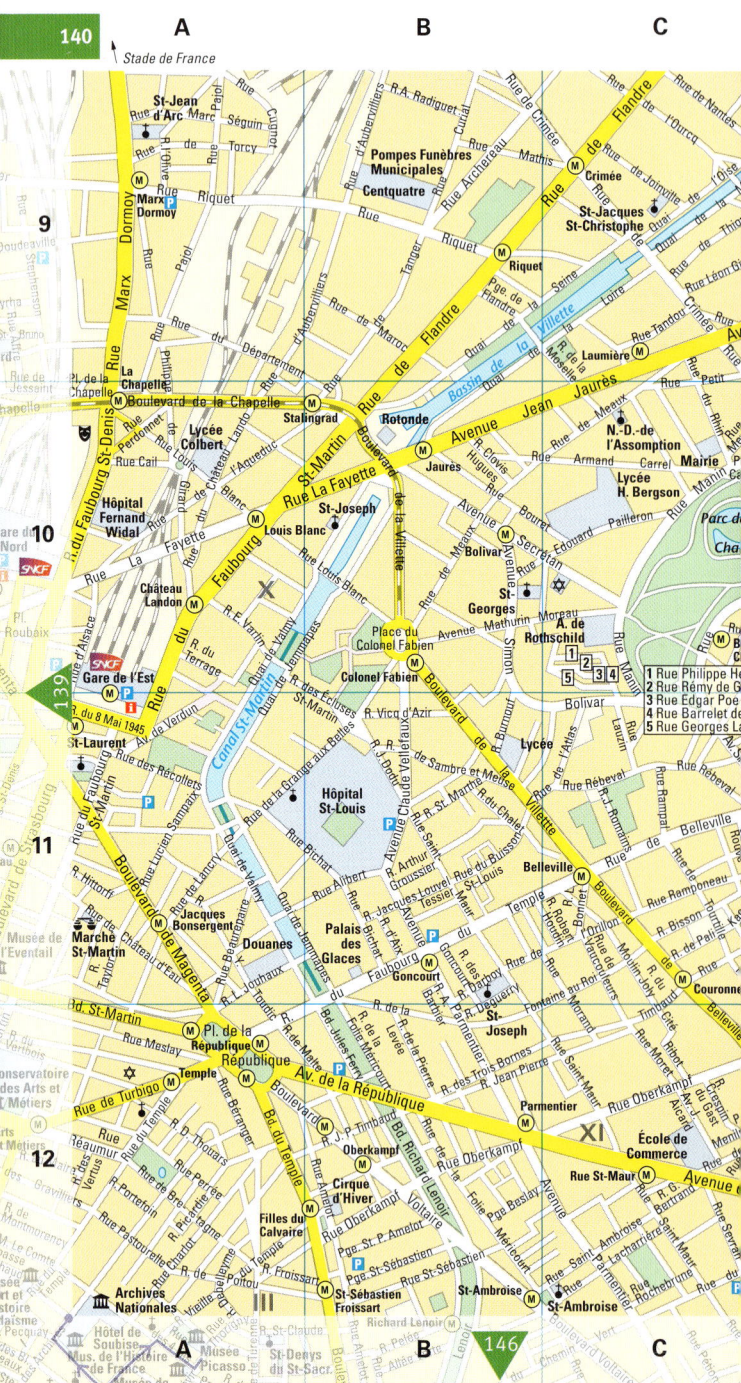

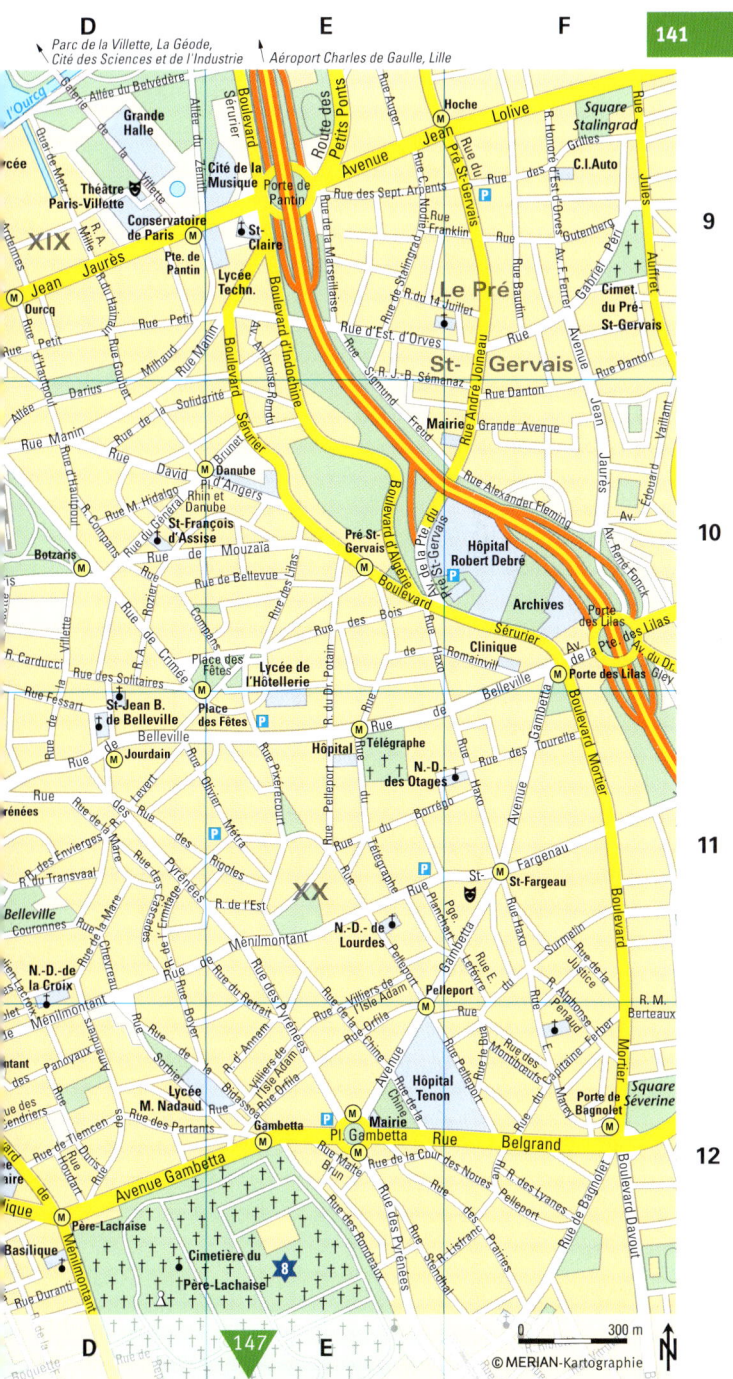

Parc de la Villette, La Géode,
Cité des Sciences et de l'Industrie

Aéroport Charles de Gaulle, Lille

l'Ourcq

Allée de Belvédère

Grande
Halle

Théâtre
Paris-Villette

Conservatoire
de Paris

Cité de la
Musique

Porte de
Pantin

St-
Claire

Pte. de
Pantin

Lycée
Techn.

XIX

Jean

Jaurès

Ourcq

Rue Petit

Rue Manin

Darius

David

St-François
d'Assise

Botzaris

Rue de la Solidarité

Danube

Pl. d'Angers

Rhin et
Danube

Rue de
Mouzaïa

Rue de Bellevue

Place des
Fêtes

Lycée de
l'Hôtellerie

St-Jean B.
de Belleville

Place
des Fêtes

Jourdain

Belleville

Belleville
Couronnes

Ménilmontant

N.-D.-de
la Croix

N.-D.-de
Lourdes

Pelleport

Lycée
M. Nadaud

Gambetta

Mairie
Pl. Gambetta

Avenue Gambetta

Père-Lachaise

Basilique

Cimetière du
Père-Lachaise

Hoche

Lolive

Square
Stalingrad

C.I.Auto

Avenue

Jean

Pré St-Gervais

Rue des Sept. Arpents

Rue
Franklin

Le Pré

Rue d'Est. d'Orves

St- Gervais

Cimet.
du Pré-
St-Gervais

Rue Danton

Mairie

Grande Avenue

Rue Alexander Fleming

Pré St-
Gervais

Boulevard

d'Indochine

Boulevard d'Algérie

Hôpital
Robert Debré

Archives

Clinique

Sérurier

Porte
des Lilas

Av.
de la Pte des Lilas

Porte des Lilas

Belleville

Rue des Bois

Hôpital

Télégraphe

N.-D.-
des Otages

Borréno

XX

R. de l'Est

St-

St-Fargeau

Fargeau

Pelleport

Hôpital
Tenon

Porte de
Bagnolet

Square
Séverine

Belgrand

Boulevard Mortier

Boulevard Davout

0   300 m

© MERIAN-Kartographie

147

A　　B　　136　　C

Bois
de
Boulogne

Porte de Passy

Musée
Marmottan

Chaussée de la
Muette

Carrefour
des Cascades
Rte. des Lacs à Passy

Route de l'Hippodrome

Avenue Ingres
Avenue de Beauséjour

13

Ranelagh

Lycée
Molière

Route de Saint-Cloud

Hippodrome
d'Auteuil

Musée Henry
Bouchard

Villa la Roche/
Fondation Le
Corbusier

Jasmin

Orphelins
Apprentis
d'Auteuil

Ste-
Marie

14

Pte. d'Auteuil

Pte. d'Auteuil

Michel Ange
Auteuil

Eglise
d'Auteuil

Ste-
Trinité
Place de
Barcelone

Institution

Pl. de la
Pte. d'Auteuil

Lycée Jean
Baptiste Say
Chardon
Lagache

Mirabeau

Stade
Roland
Garros

Appartement
Atelier
Le Corbusier

Lycée
La Fontaine

Michel Ange
Molitor

Institution
de Ste-Périne

Stade
J. Bouin

Lycée
Cl. Bernard

Exelmans

Institut Univ.
de Tecnologie

15

Parc des
Princes

Hôpital
Henri Dunant

Hôpital Euro
G. Pompid
Bd. Victor

Route de la Reine

Pte. de St-Cloud

Pl. de la Pte. de
St-Cloud

Marine

Porte de
St-Cloud

Stade P.
Coubertin

Héliport de Par

Dir. Gén. de
la Poste

16

Bd. de la République

Parc
Suzanne
Lenglen

Nouveau Cimetière de
Boulogne-Billancourt

A　　B　　C

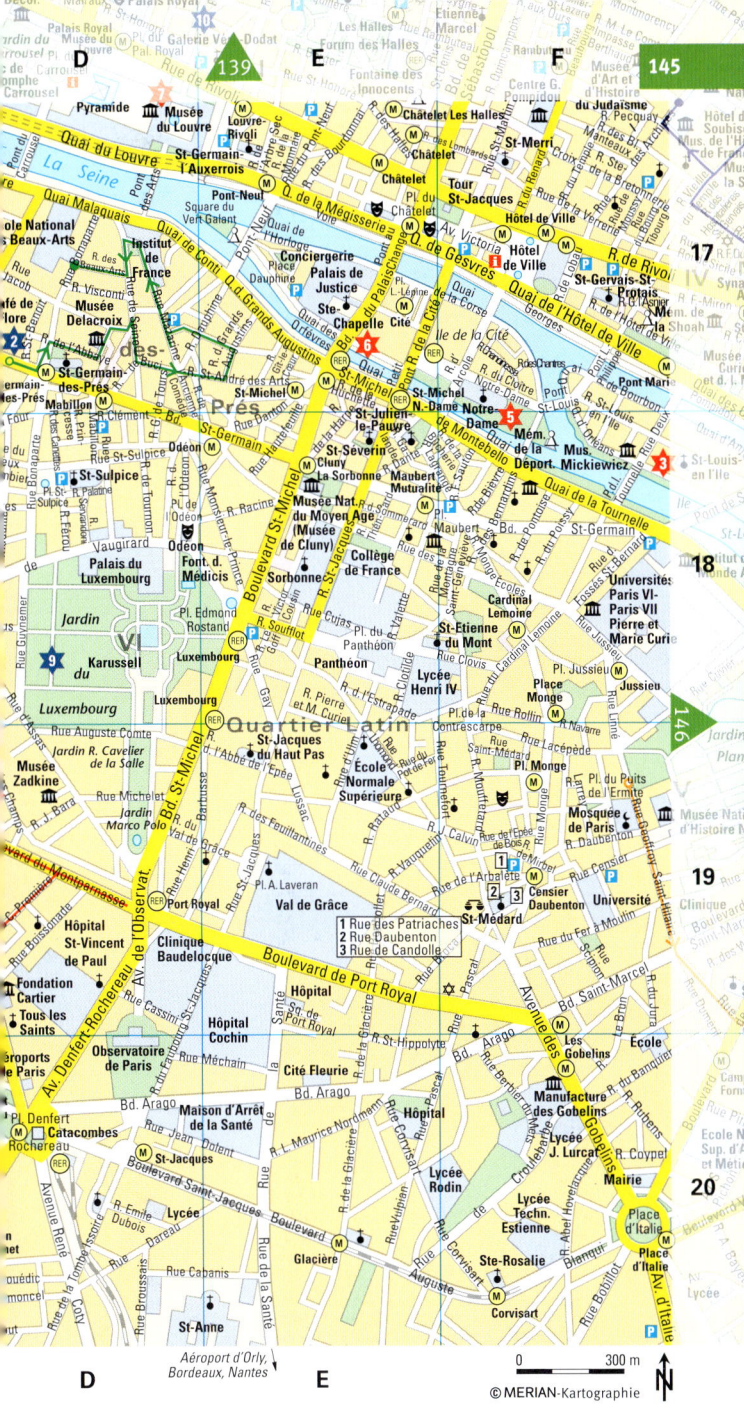

Pyramide
Musée du Louvre
Palais du Louvre
Pl. du Carrousel
Galérie du Carrousel
Jardin du Carrousel
Arc de triomphe du Carrousel

Louvre-Rivoli
Rue de Rivoli
St-Germain-l'Auxerrois
Pont-Neuf
Square du Vert Galant

Quai du Louvre
La Seine
Quai Malaquais
Quai de Conti
Q. des Grands Augustins
Q. de la Mégisserie
Q. de Gesvres
Q. de l'Horloge
Quai des Orfèvres

Ecole Nationale des Beaux-Arts
R. des Beaux-Arts
R. Visconti
R. Jacob
Café de Flore
germain-des-Prés
germain-des-Prés

Institut de France
Rue de Seine
Rue Mazarine
R. Dauphine
R. Christine
R. St-André des Arts
Rue Guénégaud

Conciergerie
Palais de Justice
Ste-Chapelle
Concordance
Dauphine
Pl. Dauphine
Pl. du Pont Neuf
Pl. L.-Lépine

Châtelet Les Halles
Les Halles
Fontaine des Innocents
Forum des Halles
R. de la Ferronnerie
R. St-Honoré
R. de l'Arbre Sec

Châtelet
Pl. du Châtelet
Tour St-Jacques
Av. Victoria
Hôtel de Ville
Pl. de l'Hôtel de Ville
Quai de l'Hôtel de Ville

Étienne Marcel
Pl. Marguerite de Navarre
Rambuteau
Centre G. Pompidou
Mus. d'Art et d'Hist. du Judaïsme
R. Pecquay
R. Rambuteau
R. des Lombards
R. Quincampoix

St-Merri
St-Gervais-St-Protais
Pont Marie
Quai de la Corse
Île de la Cité
Quai aux Fleurs
Île St-Louis
Q. d'Orléans
Q. de Bourbon
Q. de Béthune

R. de la Verrerie
R. de Rivoli
R. du Renard
R. St-Martin
R. Beaubourg
R. du Temple
R. des Archives
R. Vieille du Temple
R. de la Bretonnerie
R. du Roi de Sicile
R. de Rivoli

Hôtel de Soubise
Mus. de l'Hist. de Fr.
Archives Nat.
Mus. Carnavalet
Mém. de la Shoah
Musée d'Art et d'Hist. d. J.

Musée Delacroix
St-Germain-des-Prés
Mabillon
R. de l'Abbaye
R. Bonaparte
R. du Four
Rue de Buci
Rue St-Benoît
R. de Rennes
Bd. St-Germain

St-Michel
Pont St-Michel
St-Séverin
St-Julien-le-Pauvre
St-Michel
Cluny
La Sorbonne
Musée Nat. du Moyen Age (Musée de Cluny)
Bd. St-Michel
Rue Danton
R. Hautefeuille
R. de la Harpe
R. St-André des Arts
Rue Monsieur le Prince

N.-Dame
Notre-Dame
Pont au Double
Quai de Montebello
Mém. de la Déport.
Mus. Mickiewicz
Quai de la Tournelle
Quai de Bernard
St-Germain
Pont de la Tournelle
St-Louis-en-l'Île

St-Sulpice
Rue St-Sulpice
R. Palatine
Odéon
R. de Condé
R. Racine
R. de l'École de Médecine
R. de Vaugirard
Collège de France
Sorbonne
R. St-Jacques
R. des Écoles
R. des Carmes
Maubert-Mutualité
Maubert
Rue de Poissy
R. des Bernardins
Bd. St-Germain

Palais du Luxembourg
Odéon
Font.-l. de Médicis
Pl. Edmond Rostand
R. Soufflot
Panthéon
Pl. du Panthéon
Cardinal Lemoine
Universités Paris VI · Paris VII · Pierre et Marie Curie
Pl. Jussieu
Jussieu

Jardin du Luxembourg
Karussell du Luxembourg
Luxembourg
R. Guynemer
R. d'Assas
R. de Vaugirard
R. de Fleurus
R. Auguste Comte
Jardin R. Cavelier de la Salle
R. Michelet
R. d'Assas
R. Notre-Dame des Champs
R. J. Bara

Quartier Latin
St-Jacques du Haut Pas
Collège de France
R. Gay-Lussac
R. Pierre et M. Curie d'Estrapade
R. Clotilde
Lycée Henri IV
Pl. Ste-Geneviève
St-Étienne du Mont
R. Clovis
Pl. du Panthéon
Contrescarpe
Pl. de la Contrescarpe
Rue Mouffetard
Rue Rollin
Pl. Monge
Rue Lacépède
Rue Linné
R. Navarre
Monge

Musée Zadkine
Jardin Marco Polo
Port Royal
Av. de l'Observatoire
Bd. St-Michel
Val de Grâce
Bd. de Port Royal
École Normale Supérieure
R. Lhomond
R. Rataud
R. de l'Abbé de l'Épée
R. d'Ulm
R. Claude Bernard
R. de l'Arbalète
R. de l'Épée de Bois
R. de l'Essai
R. Daubenton
Mosquée de Paris
Rue Censier
R. Larrey
R. Geoffroy-St-Hilaire
Université
Censier-Daubenton
St-Médard

1 Rue des Patriarches
2 Rue Daubenton
3 Rue de Candolle

Hôpital St-Vincent de Paul
Bd. du Montparnasse
Bd. de Port Royal
Boulevard de Port Royal
Hôpital Cochin
Rue Méchain
Cité Fleurie
Fondation Cartier
Tous les Saints
Clinique Baudelocque
Hôpital
Rue Cassini
Av. Denfert-Rochereau
Av. René Coty
Bd. Arago
Observatoire de Paris
Pl. A. Laveran
Rue St-Jacques
R. St-Hippolyte
Bd. Arago
R. Corvisart
Hôpital
Les Gobelins
École
Manufacture des Gobelins
Av. des Gobelins
Lycée J. Lurçat
R. Coypel
Mairie
Place d'Italie
Av. d'Italie

Aéroports de Paris
Pl. Denfert-Rochereau
Catacombes
Denfert-Rochereau
Maison d'Arrêt de la Santé
R. de la Santé
Rue Jean Dolent
R. L. Maurice Nordmann
R. de la Glacière
St-Jacques
Boulevard St-Jacques
Lycée
Rue Émile Dubois
Rue Dareau
R. de la Tombe-Issoire
Bd. St-Jacques
Rue Cabanis
Rue de la Glacière
Rue de la Santé
Glacière
Boulevard Auguste Blanqui
Ste-Rosalie
Lycée Techn. Estienne
Lycée Rodin
Place d'Italie
Corvisart

St-Anne

Aéroport d'Orly, Bordeaux, Nantes

0   300 m

© MERIAN-Kartographie

N

17 · IV · 18 · 146 · 19 · 20

Palais Royal · Pl. du Palais Royal · R. St-Honoré

139 · 145

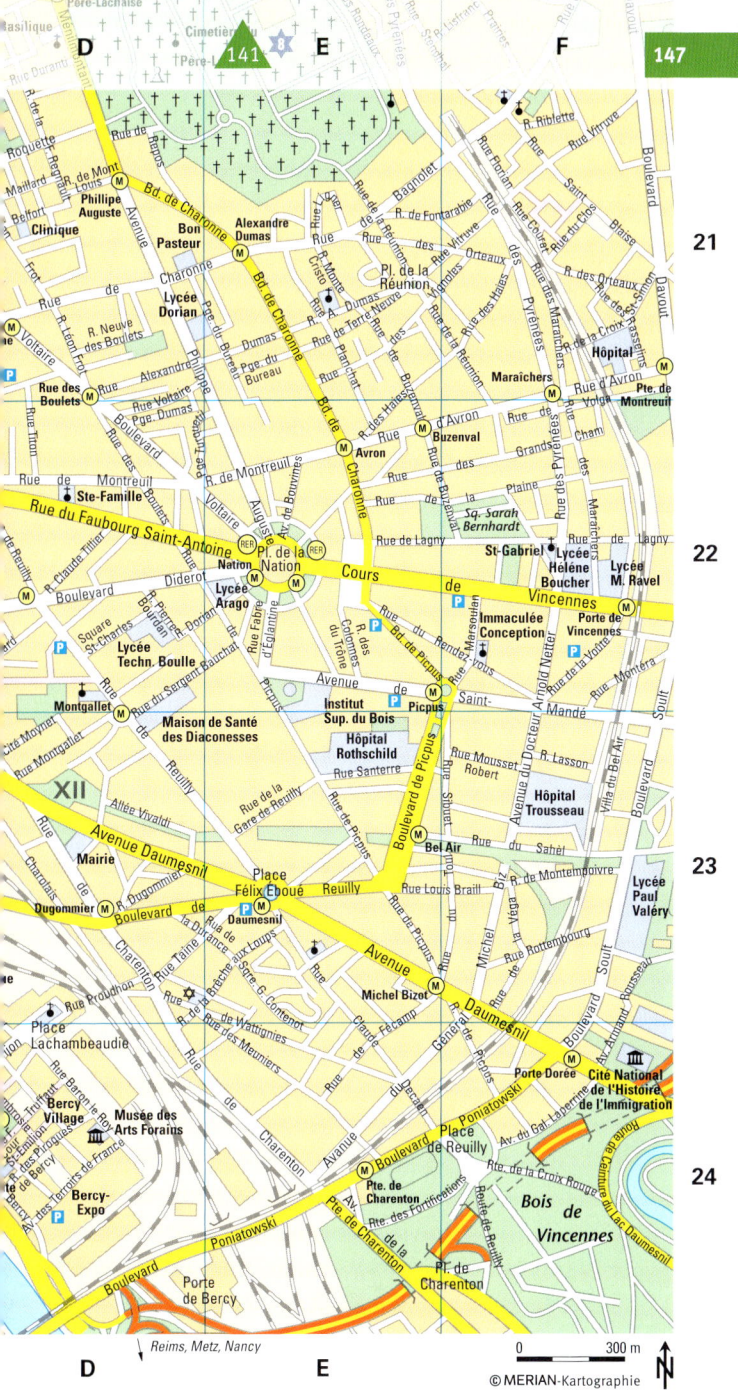

141

21

22

23

24

Père-Lachaise
Cimetière du
Père-L...

Basilique

R. Riblette

Rue Florian
Rue Vitruve
Boulevard Davout

Rue de Rapos

Rue des Pyrénées

Bagnolet

Roquette
Rue de Mont
Louis

Bd. de Charonne

Phillipe
Auguste

Avenue

Clinique
Belfort

Bon
Pasteur

Alexandre
Dumas

Pl. de la
Réunion

Hôpital

Charonne

R. de Fontarabie

Rue des Orteaux

Pte. de
Montreuil

Lycée
Dorian

Bd. de Charonne

R.-A. Dumas

Maraîchers

Rue d'Avron

R. Neuve
des Boulets

Rue
Voltaire

Dumas

Pge. du
Bureau

R. de Terre Neuve

Rue des Haies

Rue d'Avron

Buzenval

Rue des Pyrénées

Hôpital

Rue des
Boulets

Rue Voltaire
Pge. Dumas

Bd. de Charonne

R. des Haies

Avron

Sq. Sarah
Bernhardt

Rue de
Montreuil

Ste-Famille

R. de Montreuil

Rue de Lagny

Rue de Lagny

Rue du Faubourg Saint-Antoine

St-Gabriel

Lycée
Hélène
Boucher

Lycée
M. Ravel

Pl. de la
Nation

Nation

Cours

de

Vincennes

Lycée
Arago

Diderot

Boulevard

Immaculée
Conception

Porte de
Vincennes

Lycée
Techn. Boulle

Avenue

de

Saint-

Mandé

Montgallet

Institut
Sup. du Bois

Picpus

Maison de Santé
des Diaconesses

Hôpital
Rothschild

Hôpital
Trousseau

XII

Reuilly

Rue de la
Gare de Reuilly

Avenue Daumesnil

Bel Air

Mairie

Place
Félix Eboué

Reuilly

Lycée
Paul
Valéry

Dugommier

Boulevard

Daumesnil

Avenue

Daumesnil

Michel Bizot

Place
Lachambeaudie

Porte Dorée

Cité National
de l'Histoire
de l'Immigration

Bercy
Village

Musée des
Arts Forains

Poniatowski

Place
de Reuilly

Bercy-
Expo

Pte. de
Charenton

Rte. de la Croix Rouge

Bois
de
Vincennes

Boulevard

Poniatowski

Pte. de
Charenton

Pl. de
Charenton

Boulevard

Porte
de Bercy

Reims, Metz, Nancy

0   300 m

© MERIAN-Kartographie

Kartenregister

Orts- und Sachregister

Wird ein Begriff mehrfach aufgeführt, verweist die **fett** gedruckte Zahl auf die Hauptnennung, eine *kursive* Zahl auf ein Foto.
Abkürzungen:
Hotel [H]
Restaurant [R]

Liebe Leserinnen und Leser,
vielen Dank, dass Sie sich für einen Titel aus unserer Reihe MERIAN *live!* entschieden haben. Wir freuen uns, Ihre Meinung zu diesem Reiseführer zu erfahren. Bitte schreiben Sie uns an merian-live@travel-house-media.de, wenn Sie Berichtigungen und Ergänzungen haben – und natürlich auch, wenn Ihnen etwas ganz besonders gefällt.

Alle Angaben in diesem Reiseführer sind gewissenhaft geprüft. Preise, Öffnungszeiten usw. können sich aber schnell ändern. Für eventuelle Fehler übernimmt der Verlag keine Haftung.

© 2013 TRAVEL HOUSE MEDIA
  GmbH, München
MERIAN ist eine eingetragene Marke der GANSKE VERLAGSGRUPPE.

Alle Rechte vorbehalten. Nachdruck, auch auszugsweise, sowie die Verbreitung durch Film, Funk, Fernsehen und Internet, durch fotomechanische Wiedergabe, Tonträger und Datenverarbeitungssysteme jeglicher Art nur mit schriftlicher Genehmigung des Verlages.

BEI INTERESSE AN DIGITALEN DATEN AUS DER MERIAN-KARTOGRAPHIE:
kartographie@travel-house-media.de

BEI INTERESSE AN MASSGESCHNEI-DERTEN MERIAN-PRODUKTEN:
Tel. 0 89/4 50 00 99 12
veronica.reisenegger@travel-house-media.de

BEI INTERESSE AN ANZEIGEN:
KV Kommunalverlag GmbH & Co KG
Tel. 0 89/9 28 09 60
info@kommunal-verlag.de

TRAVEL HOUSE MEDIA
Postfach 86 03 66
81630 München
merian-live@travel-house-media.de
www.merian.de

5., unveränderte Auflage

PROGRAMMLEITUNG
Dr. Stefan Rieß
REDAKTION
Richard Schmising
LEKTORAT
Waltraud Ries
BILDREDAKTION
Anna Logermann
SCHLUSSREDAKTION
Ulla Thomsen
SATZ
Nadine Thiel | kreativsatz
REIHENGESTALTUNG
Independent Medien Design,
Elke Irnstetter, Mathias Frisch
KARTEN
Gecko-Publishing GmbH
für MERIAN-Kartographie
DRUCK UND BUCHBINDERISCHE VERARBEITUNG
Stürtz Mediendienstleistungen, Würzburg

TRAVEL HOUSE MEDIA

Ein Unternehmen der
GANSKE VERLAGSGRUPPE

PEFC
PEFC/04-31-1404

BILDNACHWEIS

Titelbild (Eifelturm), Laif: GAFF/P. Adenis

Arco Images: Camerabotanica 28 • dpa Picture-Alliance/F. Apesteguy 99 • Alamy: Rough Guides 40 • Bildagentur Huber: C. Dutton 84, G. Gräfenhain 22, 48 • Bilderberg: D. Schmid 61 • blickwinkel: allOver 78 • F1 online: AGE/Targa 79 • GARP: G. Hänel 118 • Guerlin 33 • Hedonie 31 • Hotel Ritz 15 • Jahreszeiten Verlag: J. Lehmann, GourmetPictureGuide 9, 10/11 • La Printemps 39 • Laif: P.Adenis 66, 104, Eyedea Illustration/FICO/Hoa-qui 35, 36, Eyedea illustration/F. Thomas/Hoa-qui 68, A. Fechner 26, G. Haenel 116/117, hemis.fr 86, hemis.fr/B. Gardel 4, hemis.fr/F. Guiziou 100/101, hemis.fr/L. Maisant 16, 95 hemis.fr/B. Rieger 96, hemis.fr/S. Sonnet 2, 75, 89, 91, 92, Hoa-Qui 111, F. Heuer 44, H. Krinitz 71, Mylonas/Le Figaro Magazine 18, REA 55 • L'Hotel 12 • Maison des Trois Thes 25 • Mauritius Images/Profimedia 113 • Schapowalow: Huber 81, SIME 46 • Superbild: M. Bauman 58 • Visum: A. Buellesbach 62/63, R. Kluba 64